CB135960

Caderno pedagógico para o

Ensino Religioso

A cultura religiosa na Educação Infantil

CÓPIA NÃO AUTORIZADA É CRIME
ABDR
ASSOCIAÇÃO BRASILEIRA DE DIREITOS REPROGRÁFICOS
RESPEITE O DIREITO AUTORAL

Dados Internacionais de Catalogação na Publicação (CIP)
(Câmara Brasileira do Livro, SP, Brasil)

Caderno pedagógico para o ensino religioso : a cultura religiosa na Educação Infantil / organização de Sérgio Rogério Azevedo Junqueira, Marilac Loraine Oleniki, Francine Porfírio Ortiz. – Petrópolis, RJ : Vozes, 2024. – (Coleção Cadernos Pedagógicos para o Ensino Religioso)

Vários autores.
Bibliografia
ISBN 978-85-326-6779-3

1. Catequese – Igreja Católica – Ensino bíblico 2. Ensino religioso (Educação Infantil) 3. Pedagogia I. Junqueira, Sérgio Rogério Azevedo. II. Oleniki, Marilac Loraine. III. Ortiz, Francine Porfírio. IV. Série.

24-189727 CDD-372.84

Índices para catálogo sistemático:

1. Ensino religioso : Educação Infantil 372.84

Eliane de Freitas Leite – Bibliotecária – CRB 8/8415

Sérgio Rogério Azevedo Junqueira
Marilac Loraine Oleniki
Francine Porfirio Ortiz
(Organizadores)

Caderno pedagógico para o Ensino Religioso

A cultura religiosa na Educação Infantil

Com roteiros de atividades
para a Educação Infantil

© 2024, Editora Vozes Ltda.
Rua Frei Luís, 100
25689-900 – Petrópolis, RJ
www.vozes.com.br
Brasil
Todos os direitos reservados. Nenhuma parte desta obra poderá ser reproduzida ou transmitida por qualquer forma e/ou quaisquer meios (eletrônico ou mecânico, incluindo fotocópia e gravação) ou arquivada em qualquer sistema ou banco de dados sem permissão escrita da editora.

CONSELHO EDITORIAL

Diretor
Volney J. Berkenbrock

Editores
Aline dos Santos Carneiro
Edrian Josué Pasini
Marilac Loraine Oleniki
Welder Lancieri Marchini

Conselheiros
Elói Dionísio Piva
Francisco Morás
Gilberto Gonçalves Garcia
Ludovico Garmus
Teobaldo Heidemann

Secretário executivo
Leonardo A.R.T. dos Santos

PRODUÇÃO EDITORIAL

Aline L.R. de Barros
Marcelo Telles
Mirela de Oliveira
Otaviano M. Cunha
Rafael de Oliveira
Samuel Rezende
Vanessa Luz
Verônica M. Guedes

Conselho de projetos editoriais
Isabelle Theodora R.S. Martins
Luísa Ramos M. Lorenzi
Natália França
Priscilla A.F. Alves

Editoração: Jhary Artiolli
Diagramação: Ana Maria Oleniki
Revisão gráfica: Anna Carolina Guimarães
Capa: Editora Vozes

ISBN 978-85-326-6779-3

Este livro foi composto e impresso pela Editora Vozes Ltda.

SUMÁRIO

APRESENTAÇÃO

O Ensino Religioso é um componente do currículo brasileiro introduzido pela primeira vez oficialmente em 1827 com a denominação de Doutrina da Religião Catholica[1], sendo que a denominação que utilizamos atualmente foi registrada, a princípio, em 1879, no Projeto de Reforma da Instrução Pública de Leôncio de Carvalho[2]. No período Republicano, localizamos a presença do Ensino Religioso na legislação brasileira desde 1931 para as escolas públicas; entretanto, nas escolas denominadas confessionais a presença desse componente sempre foi uma constante forma de divulgar entre os estudantes a concepção religiosa que as identifica como pertencentes a uma determinada tradição.

Somente em 2017, dois fatos significativos definiram a história desse componente curricular. O primeiro refere-se à confirmação e ao reconhecimento, pelo Supremo Tribunal Federal (STF), de dois modelos específicos para o Ensino Religioso: o não confessional e o confessional[3].

---

1 Art. 6º "Os professores ensinarão a ler, escrever, as quatro operações de arithmetica, pratica de quebrados, decimaes, proporções, as noções, mais geraes de geometria pratica, a grammatica da lingua nacional, e os principios de moral christã e da doutrina da religião catholica e apostolica romana, proporcionados a compreensão dos meninos; preferindo para as leituras a Constituição do Império e a historia do Brasil [...]". (IMPÉRIO DO BRASIL. Documentos complementares do Império do Brasil (15 outubro 1827). In: BONAVIDES, P.; AMARAL, R. *Textos políticos da história do Brasil*. v. 1. Brasília: Senado Federal, 1996. p. 142).

2 Art. 4º: O ensino religioso nas escolas primárias de 1º grau do município da Corte constará das seguintes disciplinas: instrução moral, instrução religiosa, leitura, escrita [...] (BARBOSA, R. Reforma do ensino secundário e superior. O Projeto de Reforma da Instrução Publica de Leôncio de Carvalho, n. 7247 de 19/04/1879. In: OBRAS COMPLETAS de Rui Barbosa. v. IX, tomo I, 1882. Rio de Janeiro: Ministério da Educação e Saúde, 1942).

3 STF – SUPREMO TRIBUNAL FEDERAL. STF conclui julgamento sobre ensino religioso nas escolas públicas. 27 set. 2017. Disponível em: https://portal.stf.jus.br/noticias/verNoticiaDetalhe.asp?idConteudo=357099&ori=1. Acesso em: 25 jan. 2024.

O segundo foi a homologação da Base Nacional Comum Curricular (BNCC) em 2017[4], documento normativo que define o conjunto progressivo de aprendizagens essenciais a serem desenvolvidas ao longo da Educação Básica. Esse documento foi publicado em sua versão final em 2018, apresentando como a progressão das aprendizagens está estruturada em cada componente a partir de um conjunto de habilidades relacionadas a diferentes objetos de conhecimento, que são organizados em unidades temáticas. O Ensino Religioso, portanto, também se sistematiza em uma estrutura composta por unidades temáticas, objetos de conhecimento, competências e habilidades. Assim, pode-se afirmar que, pela primeira vez, o Ensino Religioso foi estruturado de modo a se vislumbrar *o que ensinar* e *como ensinar*. Nesse processo, um marco expressivo foi a definição de quem é o professor de Ensino Religioso, licenciado em Ciências da Religião[5].

Visando à sistematização e ao aprofundamento sobre esse componente curricular no cenário brasileiro, foi realizada uma série de publicações. Inicialmente, com a perspectiva de identificar o processo de estruturação do componente, citamos a obra *O processo de escolarização do Ensino Religioso no Brasil* (Vozes, 2002). Para a compreensão da história e da legislação, dos fundamentos do processo de ensino-aprendizagem, dos referenciais para a formação e atuação na pesquisa e nos diferentes espaços escolares, o *Compêndio do Ensino Religioso* (coedição entre as editoras Sinodal e Vozes, 2017) destacou-se como uma síntese importante. Citamos, ainda, a obra *O Ensino Religioso na BNCC: teoria e prática para o Ensino Fundamental* (Vozes, 2020), que favoreceu o aprofundamento sobre a relação entre esse componente e a BNCC.

---

4 BRASIL. Resolução CNE/CP n. 02, 22 de dezembro de 2017. Institui e orienta a implantação da Base Nacional Comum Curricular, a ser respeitada obrigatoriamente ao longo das etapas e respectivas modalidades no âmbito da Educação Básica. *Diário Oficial da União*, Brasília, DF, 22 dez. 2017, Seção 1, p. 41-44. Disponível em: https://normativasconselhos.mec.gov.br/normativa/view/CNE_RES_CNECPN22017.pdf?query=curriculo. Acesso em: 25 jan. 2024.

5 BRASIL. Resolução CNE/CP n. 5, de 28 de dezembro de 2018. Institui as Diretrizes Curriculares Nacionais para o curso de licenciatura em Ciências da Religião e dá outras providências. *Diário Oficial da União*, Brasília, DF, 31 dez. 2018, Seção 1, p. 64-65. Disponível em: http://portal.mec.gov.br/docman/janeiro-2019-pdf/105531-rcp005-18/file. Acesso em: 25 jan. 2024.

Nesse contexto de organização dos estudos e de aprofundamento necessários para a prática pedagógica, apresentamos os **Cadernos Pedagógicos para o Ensino Religioso** como uma ferramenta para contribuir e explicitar a aplicação metodológica desse componente. Esta coleção propõe relações teórico-práticas para que as habilidades propostas na BNCC possam ser desenvolvidas ao longo da escolarização em Ensino Religioso nas instituições brasileiras.

Este **Caderno Pedagógico para o Ensino Religioso** é sobre a cultura religiosa na **Educação Infantil**. Esse segmento não é disciplinarizado, de modo que sua estrutura é organizada a partir do desenvolvimento de campos de experiências, por isso nele não existe um Ensino Religioso como componente curricular. Na proposta de cultura religiosa, considera-se a ampliação das relações sociais na interação com outras crianças e adultos, para que, progressiva e gradativamente, seja possível às crianças desse segmento, além de conhecerem seu próprio corpo, brincarem e se expressarem das mais variadas formas, utilizando diferentes linguagens para se comunicarem e aprendendo outras competências, inclusive a de perceberem as diferenças no modo de as pessoas manifestarem e viverem suas crenças.

Nessa perspectiva, ao tratar da dimensão religiosa no contexto escolar desse segmento de ensino, considera-se a criança como protagonista em todos os contextos de que faz parte e entende-se que, nesse papel, ela não apenas interage, mas cria e modifica a cultura e a sociedade. O que se propõe é oferecer referenciais que contribuam para que a criança desse segmento de ensino tenha acesso à leitura do religioso por meio das experiências com as diferenças, reconhecidas a partir do contexto escolar e curricular.

Com a intenção de fundamentar esta leitura da cultura religiosa na Educação Infantil (pré-escolar), propomos o seguinte percurso: a compreensão da Educação Infantil estabelecida pela Base Nacional Comum Curricular; o perfil do sujeito aprendente desse segmento, na faixa etária de 4 e 5 anos; e a leitura da memória do religioso na infância a partir do cuidar e do educar. Com base nos referenciais propostos, apresentamos, na Parte II deste material, um conjunto de **Roteiros de Atividades** com sugestões para explorar a cultura religiosa na Educação Infantil.

Este **Caderno Pedagógico para o Ensino Religioso** é composto pela contribuição de muitas pessoas, educadores e pesquisadores, sendo cada uma muito especial e importante. Nós, organizadores, agradecemos a colaboração que permitiu tornar realidade esta coleção e, especialmente, a confiança no projeto como uma possibilidade à prática docente. Também agradecemos aos leitores e lhes desejamos que com este material possam contribuir para que muitos estudantes ampliem suas habilidades.

Sérgio Rogério Azevedo Junqueira
Marilac Loraine Oleniki
Francine Porfirio Ortiz
Organizadores

PREFÁCIO

Gilberto Gonçalves Garcia[6]

Este volume da coleção **Cadernos Pedagógicos para o Ensino Religioso** dá prosseguimento ao propósito da Editora Vozes de lançamento de um conjunto de ferramentas para auxiliar na aplicação metodológica do componente curricular Ensino Religioso, inscrito na Base Nacional Comum Curricular (BNCC). Com essa função, este caderno trata especificamente da cultura religiosa na Educação Infantil. Nele, veremos como a estrutura do Ensino Religioso na educação pré-escolar pode se ordenar a partir de diferentes campos de experiências e não em disciplinas específicas ao modo de um componente curricular.

O presente texto da Coleção oferece, portanto, parâmetros pedagógicos para que a criança, na fase da Educação Infantil, descubra o universo religioso por meio de experiências com as diversidades e as pluralidades reconhecidas a partir do ambiente escolar e curricular. Dividido em duas partes, o volume reúne, na primeira delas, artigos, estudos e reflexões para o Ensino Religioso na Educação Infantil apresentados de acordo com o seguinte roteiro: os fundamentos da Educação Infantil indicados na Base Nacional Comum Curricular – BNCC; o perfil do educando pré-escolar; e a leitura da memória do mundo religioso na infância. A segunda parte expõe um conjunto de roteiros de atividades baseados nos objetivos de aprendizagem relacionados aos campos de experiência, com vistas a explorar a cultura religiosa na Educação Infantil.

---

6 Doutor em Filosofia pela Universidade Federal do Rio de Janeiro (UFRJ). Reitor da Universidade São Francisco (USF). Presidente do Conselho Editorial da Editora Vozes. Membro do Conselho Editorial da Revista de Filosofia Scintilla do Instituto de Filosofia São Boaventura, da FAE – Centro Universitário. Professor adjunto doutor da Universidade São Francisco. Participa de conselhos e comissões de Educação Superior em Associações Brasileiras de Educação.

Com esse objetivo, no primeiro artigo, Roberta de Lima retoma a discussão sobre os princípios do Ensino Religioso a partir da Base Nacional Comum Curricular (BNCC). De modo a favorecer a organização do componente Ensino Religioso na estrutura da Educação Infantil, a autora aponta alguns pressupostos considerados imprescindíveis para esse fim. Ela destaca as dez competências gerais que devem ser desenvolvidas no âmbito escolar para o desenvolvimento de um indivíduo crítico e capaz de se socializar em diferentes ambientes e culturas segundo as diretrizes da BNCC. Do desenvolvimento dessas competências se originam seis direitos de aprendizagem que asseguram, na Educação Infantil, as possibilidades para que ocorram as aprendizagens das crianças, consolidadas no desenvolvimento da autonomia, no seu papel ativo em sua relação com espaços, tempos, quantidades e transformações diversificados, para se construírem no mundo físico e sociocultural.

A autora também ressalta a relevância das correlações entre competências e habilidades pretendidas na BNCC para a finalidade do planejamento da Educação Infantil no cotidiano da sala de aula. Por isso, chama a atenção para alguns aspectos que o professor deve ter presente para esse propósito, tais como: os direitos de aprendizagem e desenvolvimento, o conceito de criança e seu protagonismo no planejamento curricular, a intencionalidade educativa que estrutura o cotidiano das instituições de Educação Infantil, os eixos estruturantes da prática pedagógica, os campos de experiências como contextos de aprendizagens significativas e os objetivos de aprendizagem e desenvolvimento relacionados aos diferentes campos de experiência. A autora conclui o artigo destacando o papel dos conceitos essenciais trazidos pela BNCC para a condução das atividades do cotidiano proporcionadas pelos professores, com acento para a prática da escuta ativa, a promoção da exploração livre e em espaços planejados e a organização do tempo para a criação de uma rotina dentro da escola.

Sob o título "A Educação Infantil e seus sujeitos de 4 a 5 anos", Sônia de Itoz e Sérgio Junqueira focalizam, em especial, a fase chamado do pensamento mágico, tempo em que a criança procura representar ou substituir os objetos por símbolos, o qual, segundo Piaget, se dá no período pré-operatório da criança. Destacam que o modo de experimentar o divino na fase infantil se dá como um processo intensamente corpóreo e perceptível e se desdobra, basicamente, por meio do ver, do tocar, do expressar e do ato de ouvir o outro. Pelo fato das estruturas mentais da criança no período pré-escolar operarem nesse nível figurativo, os autores entendem que tais estruturas necessitam ser estimuladas a partir das operações infralógicas, que mais tarde darão suporte à aquisição do estágio operacional concreto: a reversibilidade do pensamento. Diante desse pressuposto, os autores sugerem que o processo para uma educação religiosa nesse momento deva ser essencialmente ativo e concreto.

O artigo concebe que é no estágio pré-operatório que a criança adquire a função simbólica caracterizada pela conquista da linguagem, pelo envolvimento com o jogo simbólico e pela imitação. Do ponto de vista pedagógico, serão esses três constituintes que, adquiridos e combinados, darão suporte ao desenvolvimento do senso religioso pela capacidade seguida de gerar símbolos, sobretudo quando a criança está absorvida nos jogos simbólicos ou representativos, no momento em que ela é estimulada a assumir diferentes personagens em um determinado contexto lúdico.

Em prosseguimento ao enfoque sobre o Ensino Religioso na Educação Infantil apresentado no artigo anterior, Sônia de Itoz e Sérgio Junqueira prosseguem, em um texto subsequente, a tratativa da Educação Infantil sob a perspectiva da relação entre a cultura religiosa e a metodologia para a educação pré-escolar. O artigo privilegia a ideia da escola como espaço de constante ajuste e mudança à serviço da diversidade de culturas nela combinadas, o que, em última instância, exigirá das equipes pedagógicas atuação especial com as culturas plurais sob orientação de, pelo menos, dois eixos estruturantes da fase da Educação Infantil: as interações e a brincadeira. À vista disso, os autores se interessam em focar o campo religioso como parte de um conhecimento social resultante da "aprendizagem de valores, regras morais, padrões de linguagem, convenções, costumes, ou seja, de tudo que possa estar no âmbito de uma determinada cultura e/ou tradição religiosa." Para tanto, se faz necessário, segundo eles, reconhecer que à educação pré-escolar sejam proporcionadas aprendizagens de conhecimentos religiosos oriundos tanto de manifestações religiosas percebidas na realidade como de conhecimentos sobre o direito à liberdade de crença.

A partir deste princípio é que os autores entendem a cultura religiosa, na Educação Infantil, como desdobramento de campos de experiências por intermédio dos objetos religiosos, das vivências e das representações presentes no ambiente social e na oportunidade da partilha de crenças e práticas trazidas do ambiente familiar pelas crianças. Serão esses campos de experiências os objetos prioritários da percepção do professor. Para os autores, a metodologia da cultura religiosa na Educação Infantil está diretamente vinculada a esse dado primário. Por fim, eles propõem um itinerário metodológico de ensino-aprendizagem para o desenvolvimento do conhecimento religioso, junto à criança da Educação Infantil, baseado em quatro eixos do desenvolvimento dos objetivos de aprendizagem: a) a observação: despertar na criança o interesse por diferentes culturas e modos de vida; b) a identificação e a análise: viabilizar à criança a exploração do conhecimento; c) a apropriação e a ressignificação: o registro da experiência sobre o conhecimento desenvolvido no percurso ensino-aprendizagem; e d) a avaliação: verificação do desenvolvimento do processo de ensino-aprendizagem.

Este volume da coleção **Cadernos Pedagógicos para o Ensino Religioso** se complementa, como se referiu anteriormente, com a apresentação de roteiros de atividades baseados nos objetivos de aprendizagem propostos para a Educação Infantil. Estes roteiros descreverão com riqueza, criatividade e inovação, formas de estabelecer a interatividade com a criança de modo dialógico e participativo. Os roteiros de atividades são desenvolvidos ao longo do Caderno, associando elementos da cultura religiosa aos campos de experiências.

Ao entregar esta coleção aos professores de Ensino Religioso, a Editora Vozes espera contribuir para a discussão continuada entre educadores e entidades ligadas ao Ensino Religioso sobre a importância desse componente curricular da educação básica; sobre a necessidade da formação profissional para sua docência; sobre valor do uso de ferramentas pedagógicas criativas na aplicação metodológica do componente curricular Ensino Religioso e sobre a demanda do aprimoramento teórico constante de sua fundamentação na Base Nacional Comum Curricular.

Aos educadores e pesquisadores que participaram desta edição, o nosso cordial agradecimento.

Parte I

Estudos e reflexões

1

EDUCAÇÃO INFANTIL SEGUNDO A BASE NACIONAL COMUM CURRICULAR

Roberta Valéria Guedes de Lima[7]

Breve Histórico da Base Nacional Comum Curricular

A educação é um direito subjetivo de todos os cidadãos, compartilhado entre Estado e família, e promovido e incentivado pela sociedade. Segundo a Constituição Federal (BRASIL, 1988), em seu artigo 205, a finalidade da educação é o pleno desenvolvimento da pessoa, seu preparo para o exercício da cidadania e sua qualificação para o trabalho.

Para atender a essa finalidade no âmbito da educação escolar, a Carta Constitucional, no artigo 210, reconhece a importância de que sejam "fixados conteúdos mínimos para o ensino fundamental" (BRASIL, 1988). Assim, entende-se que fica assegurada a formação básica comum e o respeito aos valores culturais e artísticos, nacionais e regionais a todos estudantes, sejam da rede pública, sejam da rede privada de ensino.

Coerente com esses marcos constitucionais, a Lei de Diretrizes e Bases da Educação Nacional (LDBEN), no inciso IV de seu artigo 9º, afirma que cabe à União

7 Doutoranda em Educação pela Pontifícia Universidade Católica de Goiás (PUC-GO). Mestra em Educação pela Universidade Católica de Brasília (UCB). Especialista em Psicopedagogia pela UniProjeção. Especialista em Gestão de Processos Acadêmicos pelo UniProjeção – DF. Especialista em Tecnologia Educacional pela Pontifícia Universidade Católica do Paraná (PUC-PR) e pela UCB. Especialista em Gestão Educacional pela Fundação Universa (Funiversa) e pela UCB. Gerente da Câmara de Educação Básica da Associação Nacional de Educação Católica (Anec). Membro do Fórum Nacional de Educação (FNE).

estabelecer, em colaboração com os estados, o Distrito Federal e os municípios, competências e diretrizes para a Educação Infantil (BRASIL, 1996). Nesse artigo, a LDBEN esclarece dois conceitos decisivos para todo o desenvolvimento da questão curricular em nosso país: o primeiro, já antecipado pela Constituição, estabelece a relação entre o que é básico/comum (competências e diretrizes) e o que é diverso (currículo); e o segundo conceito se refere ao objetivo do currículo. Assim, entende-se que os conteúdos curriculares devem estar a serviço do desenvolvimento das competências, sendo necessário definir as aprendizagens essenciais, e não apenas dos conteúdos mínimos a serem ensinados (BRASIL, 2018).

A relação entre o que é básico/comum e o que é diverso é retomada no artigo 26 da LDBEN, que determina que os currículos da Educação Infantil devem ter uma base nacional comum, a ser complementada, em cada sistema de ensino e em cada estabelecimento escolar, com uma parte diversificada, determinada pelas características regionais e locais da sociedade, da cultura, da economia e dos estudantes (BRASIL, 1996).

Essa orientação levou à compreensão do conhecimento curricular contextualizado pela realidade local, social e individual da instituição de ensino e da sua comunidade educativa, concepção defendida nas Diretrizes Curriculares apresentadas pelo Conselho Nacional de Educação (CNE) ao longo da década de 1990, bem como de sua revisão nos anos 2000 (BRASIL, 2018). Em 2010, o CNE promulgou novas Diretrizes Curriculares Nacionais (DCNs), ampliando e organizando o conceito de contextualização como "a inclusão, a valorização das diferenças e o atendimento à pluralidade e à diversidade cultural resgatando e respeitando as várias manifestações de cada comunidade", conforme destaca o Parecer CNE/CEB n. 7/2010, que institui as Diretrizes Curriculares Nacionais para o Ensino Fundamental de nove anos.

Em 2014, a Lei n. 13.005 aprovou o Plano Nacional de Educação (PNE), que reitera a necessidade de estabelecer e implantar, mediante um pacto interfederativo entre União, estados, Distrito Federal e municípios, as diretrizes pedagógicas para a Educação Básica e a base nacional curricular, com direitos e objetivos de aprendizagem e desenvolvimento dos estudantes, respeitando as peculiaridades regional, estadual e local (BRASIL, 2014).

Nesse sentido, consoante aos marcos legais, o PNE, em sua meta 7, afirma a importância de uma Base Nacional Comum Curricular para o Brasil, com o foco na aprendizagem como estratégia para promover a excelência da Educação Básica em todas as etapas e modalidades, referindo-se a direitos e objetivos de aprendizagem e desenvolvimento.

Com a alteração da LDBEN, por força da Lei n. 13.415/2017, a legislação brasileira passa a utilizar, concomitantemente, duas nomenclaturas para se referir às finalidades da educação: direitos e objetivos de aprendizagem; e competências e habilidades. Logo, as finalidades da Educação Básica se referem àquilo que os estudantes devem aprender, o que inclui tanto os saberes quanto a capacidade de mobilizá-los e aplicá-los na vida.

A Base Nacional Comum Curricular (BNCC) é, portanto, um documento de caráter normativo que determina o conjunto orgânico e progressivo de aprendizagens essenciais que todos os estudantes devem desenvolver ao longo das etapas e das modalidades da Educação Básica de modo a terem garantidos seus direitos de aprendizagem e desenvolvimento, em conformidade com o que preceitua o Plano Nacional de Educação (PNE). A BNCC consolida-se, então, alinhada aos princípios éticos, políticos e estéticos que visam à formação humana integral e à construção de uma sociedade justa, humanizada, democrática e inclusiva, como defendem as Diretrizes Curriculares Nacionais da Educação Básica (BRASIL, 2013).

É responsabilidade das instituições de ensino de Educação Básica, públicas ou privadas, garantir aos estudantes as competências gerais estabelecidas pelo documento da Base Nacional Comum Curricular (BNCC). Dessa forma, espera-se que o cenário educacional nacional se torne mais justo, equitativo e igualitário para todas as crianças, os adolescentes e os jovens.

Segundo a BNCC (BRASIL, 2018, p. 14), "a escola é um lugar de aprendizagem e de democracia, na qual devem ser assegurados o respeito às singularidades de cada indivíduo, o respeito à diversidade e o não preconceito". É importante ressaltar o papel do educador nesse processo de mediação entre o conhecimento e o contato com diferentes grupos socioculturais que viabilizem o desenvolvimento de valores, habilidades e atitudes nas infâncias e juventudes por meio da "intencionalidade educativa", ou seja, de atividades planejadas.

Para Del Prette (1990), os objetivos efetivamente atingidos na escolarização dependem das condições de ensino estabelecidas pelo educador, e elas são, em grande parte, determinadas por suas concepções, suas atitudes e valores, suas habilidades e competências profissionais.

A BNCC estabelece dez competências gerais que devem ser desenvolvidas no âmbito escolar. Por meio dessas competências, acredita-se ser possível desenvolver um indivíduo crítico e capaz de socializar-se em diferentes ambientes e culturas. Assim, o documento define competência como: "a mobilização de conhecimentos, habilidades, atitudes e valores para resolver demandas complexas da vida cotidiana, do pleno exercício da cidadania e do mundo do trabalho" (BRASIL, 2018, p. 7).

Alguns autores entendem "competência" como um grande provedor na formação dos indivíduos e um fator de importância nas demandas da sociedade atual. Cruz (2001, p. 31) conceitua competência como: "agir com eficiência, utilizando propriedade, conhecimento e valores na ação que desenvolve e agindo com a mesma propriedade em situações diversas". Assim, agir com eficiência é saber fazer algo utilizando o que se sabe para tratar do que ainda não se sabe.

Ainda se entende que um indivíduo competente é aquele que se utiliza do que sabe para fazer o que ainda não sabe. Assim, consegue mobilizar saberes e colocá-los em ação em diferentes situações da vida com autonomia (DIAS, 2010).

Já para Perrenoud (2000), competência é a capacidade de conhecer o novo a partir do que já se sabe. Segundo ele, a competência de uma pessoa mobiliza recursos no contexto de uma situação-problema para tomar decisões favoráveis ao seu objetivo ou às suas metas. Nesse sentido, Ferreira (1999 *apud* ALLESSANDRINI, 2002, p. 164) explica que a competência está ligada à "qualidade de quem é capaz de apreciar e resolver certo assunto, fazer determinada coisa; capacidade, habilidade, aptidão, idoneidade".

Com base nesses autores e no que a BNCC descreve, compreende-se que a tomada de decisões, a mobilização de recursos e o saber agir são características principais da competência. Portanto, competência é um processo para ensinar habilidades, atitudes e valores que serão apreendidos e utilizados na prática em diversas situações, ou seja, os estudantes utilizarão o que se sabe para aprender o que não se sabe.

Ao adotar esse enfoque, a BNCC afirma que as decisões pedagógicas devem estar orientadas para o desenvolvimento de competências. Por meio da indicação clara do que os estudantes devem "saber" (considerando a constituição de conhecimentos, habilidades, atitudes e valores) e, sobretudo, do que devem "saber fazer" (considerando a mobilização desses conhecimentos, habilidades, atitudes e valores para resolver demandas complexas da vida cotidiana, do pleno exercício da cidadania e do mundo do trabalho), a explicitação das competências oferece referências para o fortalecimento de ações que assegurem as aprendizagens essenciais definidas na BNCC. Portanto, as habilidades expressam as aprendizagens essenciais que devem ser asseguradas aos estudantes nos diferentes contextos escolares (BRASIL, 2018).

É importante destacar que a BNCC não é o currículo. A BNCC e os currículos se identificam na comunhão de princípios e valores que orientam a LDB e as DCNs, reconhecendo o compromisso da educação com a formação e o desenvolvimento humano global, em suas dimensões intelectual, física, afetiva, social, ética, moral e simbólica. Para De Mello (2014, p. 1): "Currículo é tudo aquilo que uma sociedade considera necessário que os alunos aprendam ao longo de sua escolaridade".

Assim, a BNCC e os currículos têm papéis complementares para assegurar as aprendizagens essenciais definidas para cada etapa da Educação Básica, uma vez que tais aprendizagens só se materializam mediante o conjunto de decisões que caracterizam o currículo em ação. São essas decisões que vão adequar as proposições da BNCC à realidade local, considerando a autonomia dos sistemas ou das redes de ensino e das instituições escolares, como também o contexto e as características dos estudantes (BRASIL, 2018).

Educação Infantil na Base Nacional Comum Curricular

Com a nova Lei de Diretrizes e Bases da Educação Nacional (Lei n. 9.394/1996), a Educação Infantil passou a integrar a Educação Básica, juntamente com os segmentos do Ensino Fundamental e do Ensino Médio: "Art. 29: A educação infantil, primeira etapa da educação básica tem como finalidade o desenvolvimento integral da criança até seis anos de idade, em seus aspectos físico, psicológico, intelectual e social, complementando a ação da família e da comunidade" (BRASIL, 1996).

No que tange ao atendimento da Educação Infantil, a Lei de Diretrizes e Bases da Educação Nacional determinou as responsabilidades dos entes federados, cabendo aos municípios a responsabilidade pela oferta da Educação Infantil. A alteração da LDB pela Lei n. 12.796, de 04 de abril de 2013, trouxe um avanço para a Educação Infantil ao inseri-la na definição da Base Nacional Comum Curricular da Educação Básica, apresentando direitos e objetivos de aprendizagem e desenvolvimento para essa etapa.

Sobre o Referencial Curricular Nacional para a Educação Infantil (RCNEI), de 1998, este representou um avanço para a época, porém era mais como uma orientação dos conteúdos e objetivos de aprendizagem e não tornava a criança e sua identidade o foco principal do processo de ensino-aprendizagem. Já as Diretrizes Curriculares Nacionais para a Educação Infantil (DCNEI), de 2010, mostraram um avanço na direção de colocar a criança em destaque e serviram como um uma fundamentação teórica para a Base Nacional Comum Curricular.

Nas DCNEI, a atenção já estava voltada para a criança, e o documento reforça a importância de o estudante ter acesso ao conhecimento cultural e científico, assim como o contato com a natureza, preservando seu modo de se situar no mundo. As DCNEI focam as interações e a brincadeira como eixos estruturantes do currículo, além de considerarem os princípios éticos, políticos e estéticos que deveriam nortear a produção do conhecimento nas escolas infantis. Outro ponto a ser observado é o marco conceitual da relação entre o cuidar e o educar das DCNEI, algo que a BNCC irá validar e reforçar.

Parte significativa desse desafio foi enfrentada nas Diretrizes Curriculares Nacionais para a Educação Infantil (DCNEI), aprovadas em 2010, propostas no Parecer CNE/CEB n. 20, de 17 de dezembro de 2009 e na Resolução n. 5, de 17 de dezembro de 2009. As DCNEI trouxeram as concepções de criança, de infância, de instituições de Educação Infantil, de proposta pedagógica e de currículo, além de determinarem a função sociopolítica e pedagógica dessas instituições. Estabeleceram, ainda, três princípios fundamentais para orientar o trabalho junto às crianças nas unidades de Educação Infantil, a saber:

I. Princípios éticos de valorização da autonomia, da responsabilidade, da solidariedade e do respeito ao bem comum, ao meio ambiente e às diferentes culturas, identidades e singularidades.

II. Princípios políticos que asseguram à criança, desde o nascimento, os direitos de cidadania, o exercício da criticidade e o respeito à ordem democrática.

III. Princípios estéticos de valorização da sensibilidade, da criatividade, da ludicidade da criança, e da diversidade de manifestações artísticas e culturais (BRASIL, 2010a).

As Diretrizes Curriculares Nacionais para a Educação Infantil (DCNEI), em seu artigo 4º, definem a criança como sujeito histórico e de direitos, que, nas interações, nas relações e nas práticas cotidianas vivenciadas, constrói sua identidade pessoal e coletiva, brinca, imagina, fantasia, deseja, aprende, observa, experimenta, narra, questiona e constrói sentidos sobre a natureza e a sociedade, produzindo cultura (BRASIL, 2010a).

Ainda de acordo com as DCNEI, em seu artigo 9º, os eixos estruturantes das práticas pedagógicas dessa etapa da Educação Básica são as interações e a brincadeira, experiências nas quais a criança pode construir e apropriar-se de conhecimentos por meio de suas ações e interações com seus pares e com os adultos, o que possibilita aprendizagens, desenvolvimento e socialização (BRASIL, 2010a). Um olhar apurado sobre o que apontam as Diretrizes Curriculares Nacionais para a Educação Infantil, como também sobre o Referencial Curricular Nacional para a Educação Infantil, leva a compreender que o processo de interação ao participar das brincadeiras caracteriza o cotidiano das experiências vividas na infância, ao mesmo tempo que garante as condições fundamentais para o processo de aprendizado, concedendo o acesso da criança ao conhecimento cultural articulado com diferentes linguagens. Esse processo desencadeia aprendizagens e significados expressivos para o desenvolvimento integral. Ao professor que atua nesse segmento, cabe notar as interações e a brincadeira entre as crianças e delas com os adultos, pois isso favorece perceber, por exemplo, como ocorre a expressão dos afetos, a mediação das frustrações, a resolução de conflitos e a regulação das emoções, elementos importantes no processo de maturação dos pequenos (BRASIL, 2018).

A partir dos eixos estruturantes das práticas pedagógicas e das competências gerais da Educação Básica propostas pela BNCC, seis direitos de aprendizagem e desenvolvimento asseguram, na Educação Infantil, as possibilidades para que as crianças aprendam de maneira ativa e colaborativa, em situações que as convidem a vivenciarem desafios e a sentirem-se provocadas a resolvê-los, nas quais possam construir significados sobre si, os outros e o mundo social e natural.

Destaca-se que, como explicitado anteriormente, a proposição de uma Base Nacional Comum Curricular, estabelecida no Parecer CNE/CP n. 15/2017, se dá a partir dos marcos legais que instituíram a Educação Infantil como a primeira etapa da Educação Básica e do disposto no Plano Nacional de Educação – Lei n. 13.005/2014 –, de modo a garantir a equidade dos direitos fundamentais de aprendizagem para todas as crianças.

Assim, a Base Nacional Comum Curricular, no segmento da Educação Infantil, foi estruturada como proposta para potencializar o processo pedagógico, em que se esperam condições favoráveis e múltiplas ações para que ocorram as aprendizagens das crianças, consolidadas no desenvolvimento da autonomia, no seu papel ativo em sua relação com espaços, tempos, quantidades e transformações diversificados, para construírem-se no mundo físico e sociocultural. Portanto, a BNCC (BRASIL, 2018, p. 42-43) destaca:

> As crianças vivem inseridas em espaços e tempos de diferentes dimensões, em um mundo constituído de fenômenos naturais e socioculturais. Desde muito pequenas, elas procuram se situar em diversos espaços (rua, bairro, cidade etc.) e tempos (dia e noite; hoje, ontem e amanhã etc.). Demonstram também curiosidade sobre o mundo físico (seu próprio corpo, os fenômenos atmosféricos, os animais, as plantas, as transformações da natureza, os diferentes tipos de materiais e as possibilidades de sua manipulação etc.) e o mundo sociocultural (as relações de parentesco e sociais entre as pessoas que conhece; como vivem e em que trabalham essas pessoas; quais suas tradições e seus costumes; a diversidade entre elas etc.). Além disso, nessas experiências e em muitas outras, as crianças também se deparam, frequentemente, com conhecimentos matemáticos (contagem, ordenação, relações entre quantidades, dimensões, medidas, comparação de pesos e de comprimentos, avaliação de distâncias, reconhecimento de formas geométricas, conhecimento e reconhecimento de numerais cardinais e ordinais etc.) que igualmente aguçam a curiosidade. Portanto, a Educação Infantil precisa promover experiências nas quais as crianças possam fazer observações, manipular objetos, investigar e explorar seu entorno, levantar hipóteses e consultar fontes de informação para buscar respostas às suas curiosidades e indagações. Assim, a instituição escolar está criando 6 oportunidades para que as crianças ampliem seus conhecimentos do mundo físico e sociocultural e possam utilizá-los em seu cotidiano.

Ainda, pondera-se que no segmento da Educação Infantil é de extrema importância exercitar a criança para os conceitos estabelecidos no ambiente escolar em consonância com as teorias e as práticas. Portanto

> o educador deve conhecer não só teorias sobre como cada criança reage e modifica sua forma de sentir, pensar, falar e construir coisas, mas também o potencial de aprendizagem presente em cada atividade realizada na instituição de educação infantil. Deve também refletir sobre o valor dessa experiência enquanto recurso necessário para o domínio de competências consideradas básicas para todas as crianças terem sucesso em sua inserção em uma sociedade concreta (OLIVEIRA, 2002, p. 124).

A Base Nacional Comum Curricular vem reiterar a integração entre o educar e o cuidar, não se valendo de processos avaliativos tradicionais para promover ou reter os estudantes. Por isso, é importante considerar que, segundo Trevisan (2018), a BNCC:

- Compreende que a criança é a protagonista de sua vida, interagindo, criando e modificando todos os contextos aos quais pertence, inclusive culturalmente.
- Estabelece seu objetivo de dispor de referenciais teóricos consistentes para a elaboração do currículo escolar a partir de sua compreensão sobre como a criança aprende. Para isso, posiciona-se de modo a fortalecer os direitos de aprendizagem e desenvolvimento da criança.
- Organiza-se em áreas de conhecimento e linguagens que se apresentam integradas em campos de experiências, uma vez que a aprendizagem da criança ocorre interconectada com suas experiências.

Na Educação Infantil, a aprendizagem é concebida à luz da formação integral, vencendo a visão pragmática da instituição escolar com foco apenas nos resultados, na aprovação ou na reprovação do estudante. Assim, nessa etapa, a criança começa a se conhecer e a conhecer o outro, a se respeitar e a respeitar o outro, e a desenvolver sua capacidade de construir conhecimento. Por isso, a Educação Infantil tem a função de cuidar da criança em espaço formal, educativo, considerando a alimentação, o autocuidado e o brincar, respeitando-se o caráter lúdico das atividades, com ênfase no desenvolvimento integral da criança (OLIVEIRA, 2002).

Nesse momento de sua vida escolar, a criança não tem maturidade neural para a alfabetização, salvo os casos em que a alfabetização é espontânea. Entende-se que os seguintes eixos devem ser trabalhados nessa fase: Movimento, Música, Artes Visuais, Linguagem Oral e Escrita, Natureza e Sociedade e Matemática (BRASIL, 2018). O objetivo desses eixos é desenvolver capacidades, como ampliar relações sociais na interação com outras crianças e adultos, conhecer seu próprio corpo, brincar e se expressar das mais variadas formas, utilizar diferentes linguagens para se comunicar, entre outras.

Conhecendo a organização pedagógica da Educação Infantil segundo a BNCC

A BNCC está estruturada com base em três pilares essenciais, descritos na sequência.

1. Direitos de aprendizagem e desenvolvimento

Este pilar está organizado em seis direitos de aprendizagem e desenvolvimento que dão ênfase à maneira de a criança interpretar o mundo e conviver com os demais, utilizando a ludicidade como referência, respeitando os princípios da Educação Infantil. Vejamos quais são esses direitos de aprendizagem e a que se referem (BRASIL, 2018, p. 38, grifos nossos):

1. **Conviver** com outras crianças e adultos, em pequenos e grandes grupos, utilizando diferentes linguagens, ampliando o conhecimento de si e do outro, e o respeito em relação à cultura e às diferenças entre as pessoas.
2. **Brincar** cotidianamente de diversas formas, em diferentes espaços e tempos, com diferentes parceiros (crianças e adultos), ampliando e diversificando seu acesso a produções culturais, seus conhecimentos,

sua imaginação, sua criatividade, suas experiências emocionais, corporais, sensoriais, expressivas, cognitivas, sociais e relacionais.

3. **Participar** ativamente, com adultos e outras crianças, tanto do planejamento da gestão da escola e das atividades propostas pelo educador quanto da realização das atividades da vida cotidiana, como a escolha das brincadeiras, dos materiais e dos ambientes, desenvolvendo diferentes linguagens e elaborando conhecimentos, decidindo e se posicionando.

4. **Explorar** movimentos, gestos, sons, formas, texturas, cores, palavras, emoções, transformações, relacionamentos, histórias, objetos e elementos da natureza, na escola e fora dela, ampliando seus saberes sobre a cultura, em suas diversas modalidades: as artes, a escrita, a ciência e a tecnologia.

5. **Expressar** como sujeito dialógico, criativo e sensível, suas necessidades, emoções, sentimentos, dúvidas, hipóteses, descobertas, opiniões e questionamentos por meio de diferentes linguagens.

6. **Conhecer-se** e construir sua identidade pessoal, social e cultural, constituindo uma imagem positiva de si e de seus grupos de pertencimento, nas diversas experiências de cuidados, interações, brincadeiras e linguagens vivenciadas na instituição escolar e em seu contexto familiar e comunitário.

O primeiro direito envolve prever situações nas quais as crianças possam interagir com os seus pares por meio do brincar. Nesse processo, os jogos são fortes aliados para que a convivência se realize tendo normas e/ou regras a serem respeitadas. Ainda, a participação em atividades do cotidiano de um coletivo que envolvam organizar o espaço e/ou os brinquedos possibilita às crianças terem o outro como foco de suas ações, reconhecendo o que podem fazer por si mesmas e pelo outro.

O segundo direito conduz a perceber o brincar como parte integrante da rotina das crianças, mas isso requer dois movimentos do professor: acolher as brincadeiras propostas pelas crianças e planejar propostas para o brincar. Isso requer observar o brincar das crianças para identificar o que se pode oferecer/apresentar como recursos capazes de ampliar as possibilidades das brincadeiras e promover novas experiências.

O terceiro direito conduz a reconhecer as crianças como sujeitos capazes de contribuir no desenvolvimento das atividades, ou seja, há que se considerar uma proposta sobre o que se pode realizar com elas.

Na continuidade do desenvolvimento da aprendizagem infantil, o quarto direito refere-se a reconhecer como de vital importância permitir à criança explorar os elementos concretos, como brinquedos e recursos de diferentes materiais, e os elementos simbólicos, como gestos, músicas, histórias, entre outros.

O quinto direito requer que, após oferecer à criança a oportunidade de explorar, ela possa se expressar usando diferentes linguagens. O sexto direito, por sua vez, remete o professor a ajudar a criança a aprender sobre si e o outro. Para isso, é preciso criar situações para que ela possa se observar – por exemplo, olhar para a sua imagem refletida no espelho e identificar o que gosta nela.

2. Objetivos de aprendizagem e desenvolvimento

Os objetivos de aprendizagem e desenvolvimento estão organizados sequencialmente em três grupos por faixa etária, que correspondem, aproximadamente, às possibilidades de aprendizagem e características do desenvolvimento das crianças:

Creche

Bebês (zero a 1 ano e 6 meses)

Crianças bem pequenas (1 ano e 7 meses a 3 anos e 11 meses)

Pré-escola

Crianças pequenas (4 anos a 5 anos e 11 meses)

Assim, para cada faixa etária, deve-se pensar em atividades que concebam os objetivos de aprendizagem propostos pela BNCC, a fim de promover um ensino para a promoção de habilidades por meio de competências. Os campos de experiências são iguais para todas as faixas etárias, mas os objetivos de aprendizagem e de desenvolvimento são específicos para cada uma delas.

Cada objetivo de aprendizagem e desenvolvimento é identificado por um código alfanumérico. A numeração sequencial dos códigos alfanuméricos não sugere ordem ou hierarquia entre os objetivos de aprendizagem e desenvolvimento, ou seja, fica a critério do professor elencar qual será apresentado, independentemente da ordem (BRASIL, 2018). Por exemplo: o código EI02TS01 é interpretado como: EI – Educação Infantil; 02 – grupo de faixa etária; campo de experiências TS – "Traços, sons, cores e formas"; 01 – posição da habilidade na numeração sequencial do campo de experiências para cada grupo/faixa etária.

As aprendizagens propostas para a Educação Infantil se relacionam a comportamentos, habilidades e conhecimento, assim como a vivências realizadas nos diferentes campos de experiências em que as interações e as brincadeiras são reconhecidas como eixos estruturantes, por meio dos quais as crianças acessam, constroem e apropriam-se de conhecimentos.

3. Campos de experiências

Os campos de experiências estabelecidos pela BNCC são: 1) O eu, o outro e o nós; 2) Corpo, gestos e movimentos; 3) Traços, sons, cores e formas; 4) Escuta, fala, pensamento e imaginação; e 5) Espaços, tempos, quantidades, relações e transformações. O processo para o desenvolvimento desses campos apresentados pela BNCC para a Educação Infantil envolve o educar e o cuidar, tendo como norte as

Diretrizes Curriculares Nacionais para a Educação Infantil (DCNEI) que asseguram, em seu artigo 9º, que a "proposta curricular da educação infantil deve ter como eixos norteadores as interações e brincadeiras" (BRASIL, 2010a). A BNCC (BRASIL, 2018) ainda apresenta a importância das decisões pedagógicas do educador para o desenvolvimento de competências sobre o que os estudantes devem "saber" e o que "devem saber fazer".

O campo "O eu, o outro e o nós" apresenta a percepção que a criança começa a manifestar, partindo da sua vivência social com a família, a escola e outros ambientes, descobrindo que existem outros modos de vida, indivíduos diferentes e com pensamentos distintos. Essa interação possibilita a construção de sua autonomia, afetividade e maior independência no ambiente que vive (BRASIL, 2018).

Por isso, é importante promover "oportunidades para que as crianças entrem em contato com outros grupos sociais e culturais, outros modos de vida, diferentes atitudes, técnicas e rituais de cuidados pessoais e do grupo, costumes, celebrações e narrativas" (BRASIL, 2018, p. 40). Essas experiências podem contribuir para a valorização da identidade da criança, a promoção do respeito a partir das diferenças que perceberá de si mesma e do outro, e a ampliação de seu conhecimento no que tange a diferentes grupos sociais e culturais (BRASIL, 2018).

A identidade é uma construção multirreferencial definida por processos complexos de significação socialmente determinados. Portanto, "não é uma positividade, não é um absoluto que se encerra em si mesmo, é uma relação" (RIOS, 2011, p. 44). A identidade da criança vai se construindo a partir do contato com o adulto para a formação do seu próprio "eu". Para Vygotsky (1996), é por meio das interações da criança com o adulto e com os seus pares que ocorre a diferenciação do eu e do outro, e assim se configura o eu infantil.

O corpo da criança é visto como parte central do processo de ensino-aprendizagem. Tendo em vista essa percepção, a BNCC (BRASIL, 2018, p. 41) explicita que:

> a instituição escolar precisa promover oportunidades ricas para que as crianças possam, sempre animadas pelo espírito lúdico e na interação com seus pares, explorar e vivenciar um amplo repertório de movimentos, gestos, olhares, sons e mímicas com o corpo, para descobrir variados modos de ocupação e uso do espaço com o corpo (tais como sentar com apoio, rastejar, engatinhar, escorregar, caminhar apoiando-se em berços, mesas e cordas, saltar, escalar, equilibrar-se, correr, dar cambalhotas, alongar-se etc.).

Já o campo de experiências "Traços, sons, cores e formas" trata a importância do contato da criança com diferentes manifestações artísticas, culturais, locais e universais na escola. Por meio dessa vivência, visa-se possibilitar à criança a utilização dessas diferentes expressões/linguagens, como música, artes visuais, teatro, dança e outras, para que possa desenvolver suas próprias expressões, seu senso estético e crítico, colaborando para seu autoconhecimento e do outro.

Com base nessa importância, é na Educação Infantil que valorizamos a participação das crianças em tempos e espaços para a produção, manifestação e julgamento artístico, de modo a "favorecer o desenvolvimento da sensibilidade, da criatividade e da sua expressão pessoal, permitindo que se apropriem e reconfigurem, permanentemente, a cultura e potencializem suas singularidades, ao ampliar repertórios e interpretar suas experiências e vivências artísticas" (BRASIL, 2018, p. 41).

No campo de experiências "Escuta, fala, pensamento e imaginação" encontramos uma descrição das situações de comunicação que são realizadas por bebês desde o nascimento, destacando sua crescente importância na apropriação de seu vocabulário, escuta e imaginação. Esse campo, ao se tratar da Educação Infantil, remete à importância de propiciar à criança experiências nas quais possa exercitar o falar e ouvir, garantindo, com esse processo, a sua participação na cultura oral e compreendendo que "é na escuta de histórias, na participação em conversas, nas descrições, nas narrativas elaboradas individualmente ou em grupo e nas implicações com as múltiplas linguagens que a criança se constitui ativamente como sujeito singular e pertencente a um grupo social" (BRASIL, 2018, p. 42).

Ainda, é importante que o professor tenha presente o interesse da criança relacionado à escrita como um elemento motivador para que ela se aproxime desse universo. Para isso, deve promover experiências com contos e diferentes gêneros linguísticos que propiciem à criança a sua familiarização com a escrita, a sua participação em uma roda de conversa, a sua escuta a um amigo, a associação de uma história com um fato ocorrido com ela, entre outras experiências que possam contribuir para sua formação e atuação cidadã.

No campo de experiências "Espaços, tempos, quantidades, relações e transformações", por sua vez, busca-se ensinar espaços e tempos existentes para as crianças, uma vez que elas encontram dificuldades em se situarem em relação ao espaço e ao tempo. Nesse processo, ainda se deparam frequentemente com situações matemáticas (ordenação, contagem, dimensões, medidas e outras) que as fazem querer ter conhecimento. Para que elas aprendam, é necessário que na Educação Infantil sejam propostas

> experiências nas quais as crianças possam fazer observações, manipular objetos, investigar e explorar seu entorno, levantar hipóteses e consultar fontes de informação para buscar respostas às suas curiosidades e indagações. Assim, a instituição escolar está criando oportunidades para que as crianças ampliem seus conhecimentos do mundo físico e sociocultural e possam utilizá-los em seu cotidiano (BRASIL, 2018, p. 43).

Vejamos a síntese dos campos de experiências no quadro a seguir:

O eu, o outro e o nós Este campo destaca experiências que possibilitem às crianças, na interação com outras crianças e adultos, viverem situações de atenção pessoal e outras práticas sociais, nas quais aprendem a se perceber como um eu, alguém que tem suas características, desejos, motivos e concepções; a considerar seus parceiros como um outro, com seus desejos e interesses próprios; e a tomar consciência da existência de um nós, um grupo humano cada vez mais ampliado e diverso. Nesse processo, vão se constituindo como alguém com um modo próprio de agir, sentir e pensar.
Corpo, gestos e movimentos Este campo destaca experiências nas quais o corpo, os gestos e os movimentos constituem linguagens das quais as crianças, desde cedo, fazem uso e que as orientam com relação ao mundo. Destaca experiências ricas e diversificadas, em que gestos, mímicas, posturas e movimentos expressivos constituem uma linguagem vital com a qual as crianças percebem e expressam emoções, reconhecem sensações, interagem, brincam, ocupam espaços e neles se localizam, construindo o conhecimento de si e do mundo. Destaca-se, também, que a capacidade de nomear, identificar e ter consciência do próprio corpo (assim como a construção de uma autoimagem positiva) está associada às oportunidades oferecidas às crianças para a expressão e o conhecimento da cultura corporal da sociedade em que vivem.
Traços, sons, cores e formas Este campo destaca experiências nas quais as crianças tenham a oportunidade de perceber o ambiente como composto de traços, sons, cores e formas. Para isso, oferece condições para as crianças sentirem a textura da terra ou da areia; criarem misturas; colecionarem coisas; modelarem com argila; criarem tintas; e explorarem formas coloridas, texturas, sabores, sons e silêncios, em um espaço acolhedor, cheio de visualidades e sonoridades. Essas experiências promovem o desenvolvimento da expressividade e da criatividade infantil e abrem caminhos para a elaboração de sua afetividade.

Escuta, fala, pensamento e imaginação

Este campo ressalta experiências que evidenciam a estreita relação entre os atos de fala e de escuta e a constituição da linguagem e do pensamento humanos desde a infância. Destaca a experiência da criança com a linguagem verbal em diálogo com outras linguagens desde o nascimento, de modo a ampliar não apenas essa linguagem, mas também o pensamento (sobre si, sobre o mundo e sobre a língua) e a imaginação.

Espaços, tempos, quantidades, relações e transformações

Neste campo, destacam-se experiências nas quais as crianças falam, descrevem, narram, explicam e fazem relações, requisitos fundamentais para a construção e a ampliação de saberes. As vivências cotidianas delas na escola, como: procurar um tatu-bola no jardim; cuidar de plantas e de animais; colecionar objetos; movimentar-se por diferentes espaços com diversos desafios; pensar sobre perguntas como: "Quanto tempo falta para o meu aniversário?", "Por que quando algumas pessoas eram crianças não havia televisão?", "Por que alguns objetos afundam e outros não?", "Por que existem alguns animais com penas e outros com pelos?", "Quantas vezes um elefante é maior do que um cavalo?" –, além de fortalecerem sua autonomia, podem ser ricas oportunidades para a construção do raciocínio lógico, de noções de espaço e tempo, de quantidade, de classificação, de seriação etc., para a percepção de relações e de transformações nas situações, objetos e materiais observados ou manuseados e para o desenvolvimento da sua imaginação.

Fonte: Elaborado pela autora com base em BRASIL, 2018, p. 41-43.

Planejando a Educação Infantil no cotidiano da sala de aula

Ao fazer o planejamento da Educação Infantil, de acordo com a BNCC (BRASIL, 2018), é importante ao professor ter sempre presentes os aspectos:

- **Direitos de aprendizagem e desenvolvimento** – implicam assegurar as condições para que as crianças possam aprender e se desenvolver integralmente, a partir de seis direitos de aprendizagem e desenvolvimento: Conviver, Brincar, Participar, Explorar, Expressar-se e Conhecer-se.

- **Concepção de criança** – envolve orientar todo o trabalho pedagógico por práticas, tanto dos professores quanto dos demais educadores, que coloquem a criança no centro do planejamento curricular.

- **Intencionalidade educativa** – compreende que as práticas que estruturam o cotidiano das instituições de Educação Infantil devem ser planejadas e avaliadas considerando a integralidade e indivisibilidade das dimensões expressivo-motora, afetiva, cognitiva, linguística, ética, estética e sociocultural das crianças.

- **Eixos estruturantes da prática pedagógica** – assumem-se as interações e as brincadeiras como eixos estruturantes da aprendizagem, isto é, como os meios que possibilitam às crianças construírem e apropriarem-se de conhecimentos que viabilizam suas aprendizagens, seu desenvolvimento e sua socialização.

- **Campos de experiências** – configuram-se como elementos de apoio ao desenvolvimento do planejamento, apontando as experiências essenciais para a aprendizagem e o desenvolvimento da criança, tendo presente os seus direitos de aprendizagem. São a base para a organização de práticas abertas que asseguram um contexto de aprendizagens significativas, de modo a atender às ações e às reações das crianças.

- **Objetivos de aprendizagem e desenvolvimento** – correspondem às aprendizagens essenciais relacionadas aos diferentes campos de experiências contemplando noções, afetos, habilidades, atitudes e valores, bem como vivências que promovem aprendizagem e desenvolvimento.

A BNCC (BRASIL, 2018, p. 38) estabelece para a Educação Infantil seis direitos de aprendizagem. Para contemplá-los, o professor precisa sempre tê-los em mente para garantir que as experiências propostas estejam de acordo com os aspectos considerados fundamentais no processo, a partir da sua intencionalidade pedagógica e do currículo da escola.

Na Educação Infantil, as crianças constroem noções de identidade e subjetividade que precisam ser apoiadas pelo professor. Nesse sentido, na condução das atividades da rotina é essencial ao aprendizado garantir os conceitos essenciais trazidos pela BNCC: cuidar e educar, formar vínculo, incentivar a autonomia, estar atento à idade e aos ritmos diferentes de cada criança, praticar a escuta ativa, promover exploração livre e em espaços planejados e organizar o tempo para a criação de uma rotina dentro da escola.

Convém, nesse processo, não esquecer: todo espaço-tempo é propício para a pesquisa, o levantamento de hipóteses, e para promover o conhecimento das crianças com relação ao próprio corpo, ao ambiente e até ao patrimônio cultural e científico que as cerca. Alinhada à nova concepção de Educação Infantil trazida pela BNCC, que coloca o pensar e o agir da criança como centro do processo educativo, o planejamento deve favorecer a interlocução dos campos de experiências e o professor deve ser a pessoa que a apoia, garantindo condições espaciais, materiais e emocionais.

O protagonismo é da criança, e o que importa é o processo de aprendizagem dela. Para tanto, o planejamento da prática pedagógica precisa ter a previsão de uma boa organização de espaços e materiais para potencializar a exploração das crianças. O registro da ação pedagógica, por parte do professor, por meio de anotações e da observação, auxiliará no planejamento de novas organizações de espaço e materiais, de novos apoios emocionais e de novas maneiras de possibilitar aprendizagens a seus estudantes.

REFERÊNCIAS

ALLESSANDRINI, C. O desenvolvimento de competências e a participação pessoal na construção de um novo modelo educacional. In: PERRENOUD, P; THURLER, M. *As competências para ensinar no século XXI*: a formação dos professores e o desafio da avaliação. Porto Alegre: Artmed, 2002. p. 157-176.

BRASIL. *Base Nacional Comum Curricular*: educação é base. Brasília: MEC/SEF, 2018. Disponível em: http://basenacionalcomum.mec.gov.br/abase/. Acesso em: 25 jan. 2024.

BRASIL. Conselho Nacional de Educação. Câmara de Educação Básica. Parecer n. 20, de 8 de dezembro de 2009. Revisão das Diretrizes Curriculares Nacional para a Educação Infantil. *Diário Oficial da União*, Brasília, DF, 9 dez. 2009, Seção 1, p. 14. Disponível em: http://portal.mec.gov.br/dmdocuments/pceb020_09.pdf. Acesso em: 25 jan. 2024.

BRASIL. Conselho Nacional de Educação. Câmara de Educação Básica. Resolução n. 5, de 17 de dezembro de 2009. Fixa as Diretrizes Curriculares Nacional para a Educação Infantil. *Diário Oficial da União*, Brasília, DF, 18 dez. 2009, Seção 1, p. 18. Disponível em: https://normativasconselhos.mec.gov.br/normativa/view/CNE_RES_CNECEBN52009.pdf?query=cultura%20afro%20brasileira. Acesso em: 25 jan. 2024.

BRASIL. [Constituição (1988)]. Constituição da República Federativa do Brasil de 1988. *Diário Oficial da União,* Poder Legislativo, Brasília, DF, 5 out. 1988. Disponível em: http://www.planalto.gov.br/ccivil_03/constituicao/constituicaocompilado.htm. Acesso em: Acesso em: 25 jan. 2024.

BRASIL. Lei n. 9.394, de 20 de dezembro de 1996. Estabelece as diretrizes e bases da educação nacional. *Diário Oficial da União*, Poder Legislativo, Brasília, DF, 23 dez. 1996. Disponível em: http://www.planalto.gov.br/ccivil_03/leis/L9394.htm. Acesso em: 25 jan. 2024.

BRASIL. Lei n. 12.796, de 4 de abril de 2013. Altera a Lei n. 9.394, de 20 de dezembro de 1996, que estabelece as diretrizes e bases da educação nacional, para dispor sobre a formação dos profissionais da educação e dar outras providências. *Diário Oficial da União*, Poder Executivo, Brasília, DF, 5 abr. 2013. Disponível em: http://www.planalto.gov.br/ccivil_03/_Ato2011-2014/2013/Lei/L12796.htm#art1. Acesso em: 25 jan. 2024.

BRASIL. Lei n. 13.005, de 25 de junho de 2014. Aprova o Plano Nacional de Educação – PNE e dá outras providências. *Diário Oficial da União*, Poder Legislativo, Brasília, DF, 26 jun. 2014. Disponível em: http://www.planalto.gov.br/ccivil_03/_ato2011-2014/2014/lei/l13005.htm. Acesso em: 25 jan. 2024.

BRASIL. Lei n. 13.415, de 16 de fevereiro de 2017. Altera as Leis n. 9.394, de 20 de dezembro de 1996, que estabelece as diretrizes e bases da educação nacional, e n. 11.494, de 20 de junho 2007, que regulamenta o Fundo de Manutenção e Desenvolvimento da Educação Básica e de Valorização dos Profissionais da Educação, a Consolidação das Leis do Trabalho – CLT, aprovada pelo Decreto-Lei n. 5.452, de 1º de maio de 1943, e o Decreto-Lei n. 236, de 28 de fevereiro de 1967; revoga a Lei n. 11.161, de 5 de agosto de 2005; e institui a Política de Fomento à Implementação de Escolas de Ensino Médio em Tempo Integral. *Diário Oficial da União*, Poder Executivo, Brasília, DF, 17 fev. 2017. Disponível em: http://www.planalto.gov.br/ccivil_03/_ato2015-2018/2017/lei/l13415.htm. Acesso em: 25 jan. 2024.

BRASIL. Ministério da Educação. Secretaria de Educação Básica. Diretoria de currículos e Educação Integral. *Diretrizes Curriculares Nacionais Gerais da Educação Básica*. Brasília: MEC; SEB; Dicei, 2013. Disponível em: http://portal.mec.gov.br/index.php?option=com_docman&view=download&alias=13448-diretrizes-curiculares-nacionais-2013-pdf&Itemid=30192. Acesso em: 30 jan. 2024.

BRASIL. Ministério da Educação. Secretaria de Educação Básica. *Diretrizes Curriculares Nacionais para a Educação Infantil*. Brasília: MEC/SEB, 2010a. Disponível em: http://portal.mec.gov.br/dmdocuments/diretrizescurriculares_2012.pdf. Acesso em: 25 jan. 2024.

BRASIL. Parecer CNE/CP n. 15/2017, aprovado em 15 de dezembro de 2017. Base Nacional Comum Curricular (BNCC). *Diário Oficial da União,* Brasília, DF, 21 dez. 2017, Seção 1, p. 146. Disponível em: https://normativasconselhos.mec.gov.br/normativa/view/CNE_PAR_CNECPN152017.pdf?query=BNCC. Acesso em: 25 jan. 2024.

BRASIL. *Referencial Curricular Nacional para a Educação Infantil*. Brasília: MEC/SEF, 1998.

BRASIL. Resolução CNE/CEB n. 5, de 17 de dezembro de 2009. Fixa as Diretrizes Curriculares Nacionais para a Educação Infantil. *Diário Oficial da União*, Brasília, DF, 18 dez. 2009, Seção 1, p. 18. Disponível em: https://normativasconselhos.mec.gov.br/normativa/view/CNE_RES_CNECEBN52009.pdf?query=cultura%20afro%20brasileira. Acesso em: 25 jan. 2024.

BRASIL. Resolução CNE/CEB n. 7, de 14 de dezembro de 2010b. Fixa as Diretrizes Curriculares Nacionais para o Ensino Fundamental de 9 (nove) anos. *Diário Oficial da União*, Brasília, DF, 15 dez. 2010, Seção 1, p. 34. Disponível em: http://portal.mec.gov.br/dmdocuments/rceb007_10.pdf. Acesso em: 25 jan. 2024.

CRUZ, C. H. C. *Competências e habilidades*: da proposta à prática. São Paulo: Loyola, 2001. (Coleção Fazer e Transformar)

DEL PRETTE, Z. A. P. *Uma análise da ação educativa do professor a partir de seu relato verbal e da observação em sala de aula*. Tese (Doutorado) – Universidade de São Paulo, São Paulo, 1990.

DE MELLO, G. N. *Currículo da Educação Básica no Brasil*: concepções e políticas. set. 2014. Disponível em: https://movimentopelabase.org.br/wp-content/uploads/2015/09/guiomar_pesquisa.pdf. Acesso em: 25 jan. 2024.

DIAS, S. I. Competências em Educação: conceito e significado pedagógico. *Revista Semestral da Associação Brasileira de Psicologia Escolar e Educacional*, v. 14, n. 1, jan./jun., 2010. p. 73-78. Disponível em: https://www.scielo.br/j/pee/a/XGgFPxFQ55xZQ3fXxctqSTN/?format=pdf&lang=pt. Acesso em: 25 jan. 2024.

OLIVEIRA, Z. R. de. *Educação infantil*: fundamentos e métodos. São Paulo: Cortez, 2002.

PERRENOUD, P. *Dez novas competências para ensinar*: convite à viagem. Trad. Patrícia Chittoni Ramos. Porto Alegre: Artes Médicas, 2000.

RIOS, J. A. V. P. *Ser e não ser da roça, eis a questão!* Identidades e discursos na escola. Salvador: Edufba, 2011.

TREVISAN, R. O que diferencia a BNCC para a Educação Infantil da DCNEI e do RCNEI. *Nova Escola*, 31 ago. 2018. Disponível em: https://novaescola.org.br/bncc/conteudo/57/o-que-diferencia-a-bncc-para-a-educacao-infantil-do-dcnei-e-do-rcnei. Acesso em: 25 jan. 2024.

VYGOTSKY, L. S. *Pensamento e linguagem*. São Paulo: Martins Fontes, 1996.

2

A EDUCAÇÃO INFANTIL E SEUS SUJEITOS DE 4 A 5 ANOS

Sonia de Itoz[8]

Sérgio Rogério Azevedo Junqueira[9]

No processo de desenvolvimento da criança de 4 a 5 anos, manifesta-se uma concepção de divindade como a de um ser que age e se revela de modo mais concreto que abstrato, além da concepção de um pensamento mágico.

De acordo com Piaget, o pensamento mágico se dá no período pré-operatório, fase em que a criança não se limita a agir sobre os objetos, mas procura representá-los, isto é, substituí-los por símbolos, para então pensar sobre ele, desenhá-los, representá-los e assim por diante (BORGES, 1994). Esse pensamento mágico pode

8 Mestra em Educação pela Pontifícia Universidade Católica de São Paulo (PUC-SP). Graduada em Filosofia pelas Faculdades Associadas do Ipiranga (FAI) e Teologia pela Pontifícia Faculdade de Teologia Nossa Senhora da Assunção. Pesquisadora do Instituto de Pesquisa e Formação Educação e Religião (IPFER). Coordenadora de Ensino Religioso e de Pastoral Escolar no Colégio Emilie de Villeneuve (SP). Pesquisadora do Instituto de Pesquisa e Formação Educação e Religião (Iper). Autora de livros, artigos e materiais de Ensino Religioso e Pastoral Escolar.

9 Livre-docente em Ciência da Religião pela Pontifícia Universidade Católica de São Paulo (PUC-SP). Doutor em Ciência da Educação pela Universidade Pontifícia Salesiana de Roma (Itália) (UPS). Pós-Doutor em Ciência da Religião pela PUC-SP. Pós-Doutor em Geografia da Religião e em Educação pela Universidade Federal do Paraná (UFPR). Pós-Doutor em Ciência da Religião pela Universidade do Estado do Pará (UEPA). Mestre em Ciência da Educação pela UPS. Especialista em Metodologia do Ensino Religioso pela PUC-SP. Especialista em Metodologia do Ensino Superior pelo Conselho de Pastores do Estado de Minas Gerais (CPEMG). Licenciado em Pedagogia pela Universidade de Uberaba (Uniube). Bacharel em Ciências Religiosas pelo Instituto Marista Champagnat (Imach) e professor titular na Pontifícia Universidade Católica do Paraná (PUC-PR). Foi vice-presidente da Associação de Educação Católica (AEC-PR), membro do Conselho Editorial da Revista de Educação da Associação Nacional de Educação Católica do Brasil (Anec) e da Revista de Pastoral da Anec.

interferir significativamente na formação dos conceitos e da experiência de cada indivíduo, de modo que se não for bem elaborado e compreendido no desenvolvimento das fases subsequentes o adulto manterá uma concepção religiosa infantil.

Nesse sentido, é importante, ao trabalhar os temas religiosos, preocupar-se em apresentar com fidelidade a mensagem proposta, evitando-se a produção de fantasias ou de elementos que não contribuam para a apreensão do significado racional dos conceitos e da sua aplicação no concreto da vida. Caso contrário, isso implicará adultos em um estágio de magismo, artificialismo e antropomorfismo no campo religioso (ALETTI, 1992). Diante desse pressuposto, é possível afirmar que o desenvolvimento religioso está vinculado ao desenvolvimento cognitivo e socioemocional, pois cada indivíduo tem experiências religiosas na família, posteriormente também em outros contextos culturais, podendo vivenciar situações nas quais se cultua, ou não, o divino. Na fase infantil, esse processo é muito concreto e se dá por meio do ver, do tocar, do expressar e do ato de ouvir o outro como forma de experimentar o divino. Em todas essas experiências, ressalta-se a importância da concretude plástica, a ser vista com o olhar, percebida com o toque e explorada com a expressão interpretativa da criança. Aqui tanto é concretude para ver e tocar os ícones, as artes plásticas, os ritos, como também os textos e os livros sagrados.

Ao recordar a história, percebe-se que o ser humano ao longo de sua existência busca o contato com o transcendente, isto é, com que ultrapassa os limites da experiência concreta, para compreender questões vitais, sobretudo em busca de explicações dos fenômenos religiosos. Com o desenvolvimento do senso de observação, esse contato com o que transcende é organizado, chegando ao ponto de estruturas religiosas para orientar a relação entre o ser humano e o sagrado.

Ao compreender o sujeito no estágio pré-operacional, em que seu pensamento é pré-lógico e intuitivo, isto é, ainda não possui um raciocínio formal ou lógico-dedutivo, é preciso reconhecer que, para raciocinar, a criança tem necessidade do apoio da ação, de elementos e materiais concretos que deve manipular. O início desse estágio é marcado pela aquisição da função simbólica em suas diferentes formas: a linguagem, o jogo simbólico e a imitação. Essa capacidade de representação mental já lhe possibilita a memória de evocação, desenvolvendo-se a noção de passado. A memória de evocação difere da memória de reconhecimento (característica do estágio anterior) porque a capacidade de representação mental permite pensar no objeto mesmo em sua ausência (RODRIGUES; JUNQUEIRA, 2009).

Uma consequência da aquisição da representação mental é a passagem gradual do jogo de exercício, que envolve bater repetidamente um objeto contra outro, por exemplo, executando uma repetição mecânica, para o jogo simbólico. São as brincadeiras de faz de conta que contribuem para que a criança possa adquirir a compreensão da ideia de símbolos para a futura aprendizagem da ideia de número das letras. Outra característica marcante dessa etapa é o egocentrismo cognitivo, ou seja, o fato de a criança ainda não conseguir considerar o ponto de vista dos outros, centrando-se no seu próprio. Sua percepção de mundo é de que tudo gira ao redor dela. As respostas que fornece são baseadas na intuição: quando lhe perguntamos os motivos pelos quais o sol não cai, ela responde que é porque ele está amarrado no céu. Assim, a criança vai apresentando suas hipóteses intuitivas sobre a percepção de fatos isolados, pois ainda não está apta a acompanhar e apreender transformações ou causas.

Outras manifestações do egocentrismo cognitivo são o animismo (atribuição de vida aos seres inanimados) e as respostas transdutivas, que se processam em uma compreensão a partir da percepção sem estabelecer uma relação lógica. Há, também, o artificialismo, que é a tendência de a criança atribuir uma origem artesanal humana a todas as coisas, e o finalismo, isto é, a tendência de considerar que todos os seres e objetos têm a finalidade de servi-la.

As estruturas mentais da criança pré-escolar funcionam no nível figurativo, por isso não proporcionam operações lógicas como classificação e seriação operatórias. Necessitam ser estimuladas a partir das operações infralógicas, como classificação e seriação operatórias, além da conservação de quantidades, peso, volume. É essa noção de conservação que dará suporte à aquisição de uma característica do estágio seguinte (operacional-concreto): a reversibilidade de pensamento. Consequentemente, o raciocínio da criança do estágio pré-operacional ainda é irreversível, não sendo capaz de reverter sua atividade e voltar atrás no raciocínio a fim de coordenar os fenômenos previamente observados com as circunstâncias presentes.

Assim, se passearmos com a criança da escola até a praça, fazendo um levantamento dos lugares significativos que viu no percurso, e, ao chegarmos à praça, pedirmos que nomeie os lugares significativos na ordem inversa – a volta –, ela não será capaz de fazê-lo, provavelmente apenas falando da padaria ou do açougue de modo desconectado com a ordem do percurso inverso. Efetivamente, para Jean Piaget, a gênese das estruturas cognitivas segue um processo de adaptação permanente, em que dois aspectos simultâneos e complementares asseguram a reorganização constante das estruturas do conhecimento: a assimilação e a acomodação.

A assimilação corresponde à introjeção dos elementos e das características do objeto exterior na estrutura interna do pensamento, alargando-a. A acomodação significa o remanejamento interno das estruturas cognitivas em vista das características inassimiláveis do objeto. Seria inaceitável fazer da assimilação a tese; da acomodação, a antítese; e do novo esquema cognitivo, a síntese. O que existe são dois aspectos simultâneos e complementares do processo de adaptação.

O pensamento consiste realmente em um ir além, ao mesmo tempo que se refere a um seguir em frente e a uma ascensão na escala evolutiva. A psicogênese infantil percorre, conforme essa teoria, um itinerário, atravessa o egocentrismo para atingir o pensamento e a linguagem socializada, no estágio de maturidade. O processo psicogenético foi originalmente chamado por Piaget de "descentração", que não abrangia somente a dimensão lógica (como é hoje percebida a psicogênese), mas envolvia a gênese da moralidade infantil (do estágio da pré-moralidade ao da autonomia moral), bem como o processo de aquisição da linguagem. Dentro dessa interpretação, o "descentralizar" constitui um processo de socialização que leva a criança do monólogo ao diálogo, da ação e interação às operações hipotético-dedutivas, da pré-moralidade à autonomia moral. Ao longo desse percurso, a criança faz um aprendizado em que passa a distinguir o mundo externo do seu mundo interno e, consequentemente, o mundo externo dos objetos do mundo social, o que conduzirá mais tarde a um processo de individualização e autonomização (autonomia) (RODRIGUES; JUNQUEIRA, 2009).

No que diz respeito aos aspectos perceptivo-motores, desenvolvem-se rapidamente, porém as ações da criança ainda possuem limitações naturais quanto à coordenação motora fina, discriminações visuais e auditivas, destreza, equilíbrio e lateralidade.

O ser humano é, portanto, uma totalidade em desenvolvimento que aqui dividimos a nível de objeto de estudo para tentarmos analisar, em uma convergência de ciências, o sujeito que cresce e aprende interagindo com o mundo. Consequentemente, devemos estar atentos não apenas aos aspectos cognitivos, mas também ao desenvolvimento psicossexual e social do indivíduo.

A criança em fase pré-escolar está em uma etapa psicossexual identificada por Sigmund Freud como fálica, caracterizada pela descoberta dos genitais em meninos e meninas, com a percepção das diferenças sexuais por meio de brincadeiras e jogo simbólico com manipulação dos genitais (RODRIGUES; JUNQUEIRA, 2009, p. 87-88). Paralelamente, ocorre a estruturação do aparelho psíquico com a formação do superego, estratificação da psique que dá a noção de realidade, daquilo que é possível e do que não é permitido, estando além dos limites. Nessa etapa ocorrem aprendizagens assistemáticas, que se efetuam na família e nas demais relações sociais, incluindo-se aquelas favorecidas pela Educação Básica.

Na espiral de sua aprendizagem inicial com o nascimento, a criança vai estabelecendo vínculos significativos com pessoas e objetos, construindo seus esquemas conceituais, referenciais e operativos. A partir dos veículos adequados ou inadequados que estabelece com o meio, ela vai formando seus esquemas mentais, sua doma de formular conceitos e de operar (algo sempre singular de indivíduo para indivíduo, pois a história de vida de cada um é diferente). Todos esses pressupostos cognitivos, psicossexuais e sociais convergem para o estudo do desenvolvimento da criança (ROMANINI; MARTINS, 1988).

Outro aspecto a ser considerado é o desenvolvimento moral. Segundo Piaget, a criança no estágio pré-operacional está vivendo o estágio da heteronomia, quando é governada pelas diretrizes e pelas regras do outro – adulto. Absorve as normas do meio sociocultural, considerando-as sagradas e imutáveis, exatamente por não poder questioná-las em decorrência da estrutura de sua inteligência (RODRIGUES; JUNQUEIRA, 2009).

Se esse tempo de heteronomia for bem vivenciado, conduzirá à autonomia – uma elaboração pessoal das regras morais. Assim, no estágio operatório concreto se iniciará a última etapa do desenvolvimento moral, do qual depende a capacidade de o indivíduo alcançar o desenvolvimento pleno e harmonioso de sua personalidade.

Para que a criança nessa etapa possa refletir sobre algo, ela precisa do apoio da ação, por ainda não possuir um raciocínio lógico-dedutivo. O processo para uma educação religiosa nesse momento, portanto, deverá ser essencialmente ativo e concreto. Apenas após ou durante as atividades de vivência é que a criança pode conversar sobre o que aconteceu ou está acontecendo. Compreende-se que é no estágio pré-operatório que a criança passa a adquirir a função simbólica marcada pela conquista da linguagem, o envolvimento com o jogo simbólico e a imitação. Esses três elementos adquiridos e combinados são importantes para o desenvolvimento do senso religioso pela capacidade de criar símbolos, especialmente quando a criança está detida nos jogos simbólicos ou nas brincadeiras de faz de conta.

No jogo simbólico, os objetos com os quais a criança estabelece interação ganham uma nova função, passam a simbolizar uma outra coisa, associados com o seu imaginário. Assim, uma caixa de sapatos amarrada a um barbante vira um cachorrinho que um grupo de crianças leva ao veterinário (também fictício). Essa capacidade imaginativa da criança a torna apta a celebrar, desde, é claro, que o simbolismo venha do próprio grupo, tenha real significado e diga respeito ao seu mundo.

A imitação, outra forma de manifestação da função simbólica, é algo bastante relevante para a educação religiosa. O referencial para o qual a criança se volta como imitação é o adulto: seus pais, tios, avós, professores. As crianças reproduzem seus gestos, falas, modos de ser e de encarar o mundo.

Outro aspecto a ser compreendido é o egocentrismo como uma característica dessa etapa, pois é natural o "é meu", desconsiderando o ponto de vista do outro. É importante não forçar a criança a abrir mão desses pontos de vista, mas conversar e fazer propostas, problematizando, para que a partilha seja de fato uma experiência convidativa. Nesse estágio, o raciocínio da criança ainda é irreversível, por isso, para o adequado desenvolvimento de seu senso religioso a nível de relações fraternas com o outro, é importante levar em conta essa característica, o que exige o questionamento de atitudes de exclusão ou de alguma forma de violência. O importante é contribuir para que a criança estabeleça vínculos positivos com os colegas, favorecendo uma aprendizagem tranquila para o diálogo e uma construção de respeito e de fraternidade (ROMANINI; MARTINS, 1988).

REFERÊNCIAS

ALETTI, M. *Psicologia, psicoanalisi e religione*: studi e ricerche. Bologna: Dehoniane, 1992.

BORGES, T. M. M. *A criança em idade pré-escolar*. São Paulo: Ática, 1994.

RODRIGUES, E. F.; JUNQUEIRA, S. *Fundamentando pedagogicamente o Ensino Religioso*. Curitiba: Ibpex, 2009.

ROMANINI, J.; MARTINS, M. *Conteúdo de educação religiosa*. Belo Horizonte: Mimeo, 1988.

3

A CULTURA RELIGIOSA E A METODOLOGIA PARA A EDUCAÇÃO INFANTIL

Sonia de Itoz[10]

Sérgio Rogério Azevedo Junqueira[11]

A Educação Básica brasileira é iniciada com a Educação Infantil, sendo a primeira etapa de socialização estruturada a partir da concepção que articula o educar e o cuidar, entendendo o cuidado como algo indissociável do processo educativo.

Nessa perspectiva, e em vista de uma eficaz articulação entre esses dois aspectos, faz-se necessário acolher as vivências e os conhecimentos construídos pelas crianças no espaço familiar e contextualizados no ambiente das diferentes comunidades, em diálogo com as propostas pedagógicas das instituições escolares. Esse processo possibilita ampliar o universo de experiências, conhecimentos e habilidades das crianças, como também diversificar e consolidar no-

10 Mestra em Educação pela Pontifícia Universidade Católica de São Paulo (PUC-SP). Graduada em Filosofia pelas Faculdades Associadas do Ipiranga (FAI) e Teologia pela Pontifícia Faculdade de Teologia Nossa Senhora da Assunção. Pesquisadora do Instituto de Pesquisa e Formação Educação e Religião (IPFER). Coordenadora de Ensino Religioso e de Pastoral Escolar no Colégio Emilie de Villeneuve (SP). Pesquisadora do Instituto de Pesquisa e Formação Educação e Religião (Iper). Autora de livros, artigos e materiais de Ensino Religioso e Pastoral Escolar.

11 Livre-docente em Ciência da Religião pela Pontifícia Universidade Católica de São Paulo (PUC-SP). Doutor em Ciência da Educação pela Universidade Pontifícia Salesiana de Roma (Itália) (UPS). Pós-Doutor em Ciência da Religião pela PUC-SP. Pós-Doutor em Geografia da Religião e em Educação pela Universidade Federal do Paraná (UFPR). Pós-Doutor em Ciência da Religião pela Universidade do Estado do Pará (UEPA). Mestre em Ciência da Educação pela UPS. Especialista em Metodologia do Ensino Religioso pela PUC-SP. Especialista em Metodologia do Ensino Superior pelo Conselho de Pastores do Estado de Minas Gerais (CPEMG). Licenciado em Pedagogia pela Universidade de Uberaba (Uniube). Bacharel em Ciências Religiosas pelo Instituto Marista Champagnat (Imach) e professor titular na Pontifícia Universidade Católica do Paraná (PUC-PR). Foi vice-presidente da Associação de Educação Católica (AEC-PR), membro do Conselho Editorial da Revista de Educação da Associação Nacional de Educação Católica do Brasil (Anec) e da Revista de Pastoral da Anec.

vas aprendizagens, atuando de maneira complementar à identidade e à proposta das famílias. Dessa forma, ao aproximar os cenários das famílias com a escola, garante-se como aprendizagens a socialização, a autonomia e a comunicação desses indivíduos (BRASIL, 2018).

Essa compreensão conduz ao entendimento de que a escola não é somente mais um lugar social e histórico, mas um ambiente de construção e influência direta sobre a sociedade. Para as crianças pequenas, a escola se constitui um organismo vivo integral, como um local de vidas e relacionamentos compartilhados entre muitos adultos e crianças (MIZUKAMI, 1986). Portanto é preciso considerar a escola como uma espécie de construção em contínuo ajuste, visto que se insere em um contexto de evoluções e de mudanças constantes, além de estar a serviço de uma diversidade de culturas que nela se reúnem. Isso exige das equipes pedagógicas conhecer e atuar com as culturas plurais, em diálogo com a diversidade dos ambientes das crianças, considerando dois eixos estruturantes da prática pedagógica dessa fase da Educação Básica: as interações e a brincadeira.

As interações e as brincadeiras são entendidas como experiências da criança que possibilitam a construção e a apropriação de conhecimentos por meio de suas ações e interações com seus pares e adultos, o que propicia seu desenvolvimento e sua socialização. Isso decorre do fato de que a interação ao longo do brincar é uma característica da infância que favorece a aprendizagem da expressão dos afetos, a mediação das frustrações, a resolução de conflitos e a regulação das emoções (BRASIL, 2018).

A socialização como parte da dinâmica escolar requer que se crie condições que possibilitem a autonomia e a cooperação entre as crianças. Assim, o conhecimento se constrói de maneira contínua, visto que gradativamente ocorrerá a passagem de um estado de desenvolvimento a outro a partir de novas estruturas evocadas das experiências de diversas interações que a criança acessa. Segundo Piaget (1896-1980) propôs, o conhecimento não está no sujeito-organismo, tampouco no objeto-meio, mas é decorrente das contínuas interações entre os dois. Para ele, a inteligência está relacionada à aquisição do conhecimento na medida que sua função é estruturar as interações sujeito-objeto. A inteligência, portanto, compreende três tipos de conhecimento: físico, lógico-matemático e social.

No que se refere ao conhecimento social, aqui nos interessa destacar o campo religioso como parte desse cenário. Em outras palavras, queremos destacar que o campo religioso pode ser compreendido como um *conhecimento social*, resultante da aprendizagem de valores, regras morais, padrões de linguagem, convenções, costumes, ou seja, de tudo que possa estar no âmbito de uma determinada cultura e/ou tradição religiosa. Assim, entende-se que, ao agir e ao interagir com as pessoas, a criança poderá conquistar esse nível de conhecimento que, diferentemente dos conhecimentos físico e lógico-matemático, não possui a universalidade que os caracteriza, exatamente por ser um produto da conquista das formas de vida e da organização dos diferentes grupos sociais (MIZUKAMI, 1986).

O domínio da experiência social só se torna possível pelo desenvolvimento dos processos sensoriais e pela formação da atividade motora da criança. O que se deseja destacar com isso é a importância do movimento e do seu papel na organização da consciência que se concretiza, aliás, entre outras formas, por meio da imitação, do jogo e do trabalho. Por outro lado, só se pode dominar o conhecimento e o pensamento acumulado pela sociedade por meio da sua prática e da sua utilização, abordando a importância da atividade para a criança (RODRIGUES; JUNQUEIRA, 2009).

O desenvolvimento da inteligência da criança é, então, o resultado da sua prática e da existência determinante de um envolvimento social. Nessa perspectiva, conta-se com uma experiência humana adquirida e acumulada ao longo dos séculos, na qual se materializa, afinal, o fenômeno da civilização ou a aprendizagem da humanidade. De fato, a complexidade da organização social humana está materializada em todo o conhecimento prático e teórico da humanidade. Pode-se mesmo dizer que está expressa na fabricação de instrumentos e ferramentas, na utilização dos eixos de comunicação e no domínio de determinados conhecimentos e técnicas que, no seu todo, traduzem o processo de socialização ou de transformação da criança em adulto (MINICUCCI, 1992).

É pela manipulação dos objetos, pelo jogo, pela imitação ou, em uma palavra, por sua atividade psíquica e motora, que a criança aprende os vários tipos de participação social e de realização de tarefas sociais e escolares. Assim, ao se considerar o conhecimento religioso como conhecimento social, e o acesso a ele pela criança de Educação Infantil, se faz necessário reconhecer a importância de que a esse segmento também sejam proporcionadas as aprendizagens de conhecimentos religiosos a partir das manifestações religiosas percebidas na realidade, como também o conhecimento acerca do direito à liberdade de crença correlacionando-o com a promoção dos Direitos Humanos.

Dessa forma, desde a tenra idade, desenvolvem-se gradativa e progressivamente na criança competências e habilidades que contribuem para o exercício do respeito à liberdade de concepções e ideias com base em valores e princípios éticos e de cidadania (BRASIL, 2018). Esse processo pode ser garantido a partir do desenvolvimento dos direitos de aprendizagem (conviver–brincar–participar–explorar–expressar–conhecer-se) propostos pela BNCC, que contemplam as interações com diferentes pessoas e grupos que lhes favorecem o acesso à diversidade de linguagens e produções culturais, à exploração de movimentos, gestos, palavras e emoções, entre outros saberes culturais a partir dos quais se torna possível reunir contribuições para ampliar o conhecimento de si e dos outros. Mediante esse entendimento, cabe ao professor propor conhecimentos acerca da cultura religiosa, relevando os pressupostos éticos e científicos, e abordar esses conhecimentos com base nas diversas culturas e tradições religiosas, sem desconsiderar o respeito à diversidade de crenças e convicções e, também, a existência de filosofias seculares de vida (BRASIL, 2018).

O processo cognitivo não é um acidente nem acontece por ele próprio. É resultante da atividade exploradora e criadora da criança, que, por um lado, satisfaz a sua indispensável necessidade de maturação orgânica e, por outro, desenvolve a sua atividade global, que vai permitir e garantir, em última análise, a regulação de suas funções psíquicas e fisiológicas, traduzidas na prática e no concreto pelo seu desenvolvimento e crescimento. Esse processo requer que sejam promovidas diversificadas formas e situações que possibilitem aos estudantes se tornarem progressivamente cidadãos capacitados a realizar a leitura de mundo em diferentes tipos de linguagem (LOSITO *apud* PAVANI; JUNQUER; CORTEZ, 2007).

O movimento coloca a criança em situação de confronto com a sua realidade e suas linguagens, conferindo-lhe, por isso mesmo, uma tarefa cognitiva específica ao pedir-lhe e exigir-lhe soluções, métodos e orientações diferentes, conforme o êxito que essa tarefa pretende. São, posteriormente, as constantes reestruturações e novas orientações, proporcionadas pela permanente atividade motora, que irão originando uma regulação cada vez mais concretizada, melhorando a respectiva ação.

A busca contínua de equilíbrio está subjacente em todas as interações do organismo e do ambiente, particularmente na cognição. Ainda que seja uma tendência continuamente presente no desenvolvimento, o processo de equilibração gera diferentes estados que correspondem aos estágios, bem como se refere à forma na qual se coordenam a assimilação e a acomodação, ou, em outros termos, as relações entre o sujeito e o objeto. Assim, ao propor aprendizagens sobre a cultura religiosa, é necessário considerar que elas poderão ser estruturadas com base na busca de construir, com base em conhecimentos religiosos e filosofias de vida, atitudes de reconhecimento e respeito às alteridades. Nessa perspectiva, o desenvolvimento desse componente se constitui como

> espaço de aprendizagens, experiências pedagógicas, intercâmbios e diálogos permanentes, que visam o acolhimento das identidades culturais, religiosas ou não, na perspectiva da interculturalidade, direitos humanos e cultura da paz. Tais finalidades se articulam aos elementos da formação integral [...], na medida em que fomentam a aprendizagem da convivência democrática e cidadã, princípio básico à vida em sociedade (BRASIL, 2018, p. 437).

Com base nessa concepção de sujeito, é que passamos a enxergar a cultura religiosa na e para a Educação Infantil. Não teremos o Ensino Religioso como um componente curricular, mas presente de maneira transversal no que concerne à ação pedagógica dos direitos de aprendizagem, ou seja, "no conviver, brincar, participar, explorar, expressar e no conhecer-se" (BRASIL, 2018, p. 40), e dos campos de experiência. Verifica-se que, historicamente, isso já vem ocorrendo na prática pedagógica, segundo a identidade e os princípios da escola, levando a aproximar o objeto de conhecimento, o conhecimento religioso, às áreas do conhecimento em geral.

Na Educação Infantil, a cultura religiosa se concretiza nos campos de experiências por meio dos objetos religiosos, das interações, das vivências e das representações que estão presentes no ambiente, na convivência social e na partilha de crenças e práticas trazidas de casa pelas crianças, conjunto que, com olhar, escuta e percepção atenta, intencionalmente é evidenciado pelo professor. A proposta da cultura religiosa na educação é sempre sensibilizar a criança para a descoberta crescente de si mesma, do outro e da natureza, despertando atitudes de autovalorização e valorização do outro como pessoa humana.

Como indicado anteriormente, "as aprendizagens e o desenvolvimento das crianças têm como eixos estruturantes as interações e a brincadeira" (BRASIL, 2018, p. 40), assegurando-lhes os direitos de aprendizagem que são organizados nos cinco campos de experiência a partir dos quais se entrelaçam os conhecimentos do patrimônio cultural, inserindo-se também a cultura religiosa. Essa inserção se faz quando se apresenta o conhecimento e a linguagem religiosa na dinâmica dos cinco campos de experiência, com as devidas e adequadas interações entre: O eu, o outro e o nós; Corpo, gestos e movimentos; Traços, sons, cores e formas; Escuta, fala pensamento e imaginação; e Espaços, tempos, quantidades, relações e transformações.

Por esse motivo, a proposta é de uma verticalidade crescente, e não de uma linearidade. Na sensibilização da criança para a descoberta progressiva de sua própria pessoa em relação ao outro com quem convive e ao mundo que a cerca, propomos, assim, que se oportunizem situações e experiências que a levem a cada vez ter mais atitude de autovalorização, na forma como se percebe e se reconhece como gente, ou seja, como um ser em potencial com capacidades, possibilidades, limitações. Ou ainda de heterovalorização, descobrindo o outro como gente, tão semelhante a si e tão diferente, e reconhecendo nele alguém com capacidades, qualidades e limitações (BRASIL, 2018).

É importante levar a criança a descobrir, por meio de sua autovalorização e da valorização do outro, que os limites e as capacidades de cada um permitem a troca, a relação, os contatos afetivos, corporais, sensoriais, lúdicos e outros que tornam o mundo, sem dúvida, mais dinâmico, mais cheio de possibilidades.

Para refletir sobre esse contexto, cabe aqui trazer presente a educação socioemocional, que se refere ao desenvolvimento de habilidades comportamentais relacionadas à maneira de a criança lidar consigo mesma e com a sociedade. A educação socioemocional deve ser considerada a partir de alguns pilares estruturantes: *emocional*, que tem relação com o autocontrole e o autoconhecimento; *comportamental*, relacionado à perseverança, à persistência e à responsabilidade; *cognitiva*, referindo-se a aspectos ligados à empatia; *psicossocial*, que explora as possibilidades de resolução de conflitos e a comunicação assertiva.

A educação socioemocional deve, portanto, envolver o aprendizado e o desenvolvimento de habilidades comportamentais para o sujeito lidar consigo mesmo, com o outro, com a sociedade e com as relações do universo em geral. Para isso, são trabalhadas intencionalmente, com o objetivo de desenvolvê-las, habilidades que incluem empatia, paciência, autoconhecimento, autonomia, resiliência, criatividade, comunicação assertiva, entre outras. Portanto, é o enfoque que se direciona à formação do estudante enquanto indivíduo social, ao qual deve ser oportunizado o desenvolvimento de atitudes e valores que contribuam para o entendimento do que é *ser humano*, que estimula ações de transformação da sociedade para torná-la mais humana, socialmente justa e voltada à preservação da natureza (BRASIL, 2018).

Nesse processo de se descobrir enquanto gente, oportuniza-se à criança a vivência de valores como partilha, respeito, carinho, justiça e fraternidade. Segundo a Base Nacional Comum Curricular (BNCC), o conhecimento religioso, objeto do componente curricular de Ensino Religioso, é produzido e, portanto, pode ser aplicado no âmbito dos direitos de aprendizagem e desenvolvimento, articulado aos campos de experiência e de modo interdisciplinar com as diferentes áreas do conhecimento, fundamentado nas Ciências da Religião (BRASIL, 2018).

A área das Ciências da Religião é a que investiga a manifestação dos fenômenos religiosos em diferentes culturas e sociedades, enquanto um dos bens simbólicos resultantes da busca humana por respostas aos enigmas do mundo, da vida e da morte. De modo singular, complexo e diverso, os fenômenos religiosos alicerçaram distintos sentidos e significados de vida, além de diversas ideias de divindades – em torno das quais se organizaram cosmovisões, linguagens, saberes, crenças, mitologias, narrativas, textos, símbolos, ritos, doutrinas, tradições, movimentos, práticas e princípios éticos e morais. Se os fenômenos religiosos, em suas múltiplas manifestações, são parte integrante do substrato cultural da humanidade (BRASIL, 2018), é preciso também considerá-los e tratá-los no contexto da Educação Infantil e de suas experiências.

Em consonância com a BNCC, as escolas são instigadas a produzirem conhecimentos como uma referência político-pedagógica que vise explicitar a concepção, os princípios, os pressupostos e os procedimentos para uma cultura religiosa.

Remetendo ao pensamento infantil, que se caracteriza por uma ausência de esquemas operatórios, sabe-se de sua contribuição para o desenvolvimento do pensamento mágico, do artificialismo, da imitação, da falta de discernimento, do egocentrismo, entre outros. Razão pela qual, no desenvolvimento da inteligência, o conhecimento religioso não seja uma simples adição de rezas, de orações, de ritos, mas se constitua em uma transformação qualitativa de estruturas cognitivas e emocionais, segundo as quais a inteligência religiosa infantil evolui nas descobertas e nas interações a partir dos contextos familiares, da relação com os adultos, com os espaços culturais, com o ambiente escolar e no contato com a natureza.

Portanto o religioso presente nos valores e nos princípios de elementos da cultura familiar e local é produtor de conhecimento e, em um primeiro momento, também possibilita a construção de uma memória coletiva ou mesmo a continuação/perpetuação de um patrimônio comum.

> Nossas lembranças permanecem coletivas, e elas nos são lembradas pelos outros, mesmo que se trate de acontecimentos nos quais só nós estivemos envolvidos, e com objetos que só nós vimos. É porque, em realidade, nunca estamos sós. Não é necessário que outros homens estejam lá, que se distingam materialmente de nós: porque temos sempre conosco e em nós uma quantidade de pessoas que não se confundem (HALBWACHS, 1990, p. 26).

Enfim, colocar em pauta, ter presente intencionalmente e buscar entender a cultura religiosa como produção de conhecimentos, a partir de uma referência político-pedagógica, permite situar uma construção humana, com referenciais e códigos que permitem comunicar valores, ideias e princípios. Por consequência, a construção do conhecimento religioso se faz a partir de expressões presentes e de interação com os fenômenos do universo religioso. Isso faz com que a compreensão do religioso na Educação Infantil seja dada, interpretada e codificada pelas culturas, expressões de tradições religiosas, textos sagrados, ritos e *ethos* presentes nas interações que acontecem nos campos de experiência.

No que diz respeito à metodologia da cultura religiosa na Educação Infantil, é importante que o fazer pedagógico com as crianças envolva elementos do religioso do seu campo de convivência, seja do ambiente escolar, familiar e/ou cultural. Para ampliar conhecimentos e estar em sintonia com as experiências e as opções religiosas da família, é fundamental solicitar a participação das crianças em tarefas, pesquisas e outras atividades que se iniciam na escola e se estendem para casa, com a própria família. Ainda no fazer pedagógico, as breves narrativas, as histórias e os contos, os símbolos e os objetos, os ritos e os textos sagrados devem ser apresentados e utilizados primeiro como informação, para que se constituam conhecimento, e então como meios para a criança compreender o fenômeno religioso presente na sua realidade e nas diversas culturas.

A crença torna-se uma consequência das tradições recebidas na dinâmica familiar, pelos conhecimentos adquiridos na tradição religiosa à qual seus familiares pertencem, pelas reflexões realizadas sobre os valores religiosos e nas vivências proporcionados às crianças. Ao abordar a cultura religiosa, também, é possível tratar de temas como *bullying*, preconceito, intolerância, desrespeito e respeito, solidariedade, empatia, doação, alteridade, cuidado com o meio ambiente, entre outros, em vista do favorecimento e da construção de relações interpessoais saudáveis e sustentáveis.

No campo da percepção e da apreensão do conhecimento religioso, recursos iconográficos, artes plásticas e cênicas, representações simbólicas, narrativas religiosas, fatos da vida de personagens e líderes religiosos, símbolos, ritos e regras de cunho religioso contribuem ao serem apresentados didaticamente. Para essa apresentação didática, pode-se utilizar jogos, materiais manipulativos, música, dança, desenhos, gestos, movimentos, textos, contos, poemas, conversas, recursos tecnológicos e outros, desde que o professor mantenha-se atento à maturidade cognitiva da criança, para garantir a compreensão do objeto de conhecimento abordado. Acrescenta-se, ainda, que, sobre a organização curricular, a BNCC propõe objetos de conhecimento a serem proporcionados e desenvolvidos nos campos de experiência, de modo que orienta uma nova e diversificada forma metodológica.

Com relação à proposta metodológica para desenvolver o conhecimento religioso junto à criança da Educação Infantil, o primeiro passo é propor uma situação vinculada ao cotidiano dela, em que as aprendizagens envolvam o campo das relações e/ou do conhecimento de suas características, e/ou a representação/simbolização de algo que tenha significado para ela, de tal modo que possa se apropriar dos conhecimentos abordados. Nessa perspectiva, propõe-se para a realização do processo de ensino-aprendizagem dessa área do conhecimento o seguinte itinerário metodológico:

- **Observação:** consiste na aproximação inicial da criança dos objetivos de aprendizagem e desenvolvimento. Trata-se do momento de envolver a criança, despertando seu interesse por diferentes culturas e modos de vida.
- **Identificação e análise:** instante em que se propicia à criança estabelecer relação mais direta e próxima dos objetivos de aprendizagem e desenvolvimento. Para isso, as estratégias metodológicas devem favorecer o diálogo, o levantamento de hipóteses e a exploração do conhecimento, fazendo a identificação e a análise que subsidia a reflexão e a compreensão das aprendizagens propostas. Esse processo se concretiza pela mediação do professor para viabilizar às crianças interagirem com diferentes linguagens, pois, ao explorar a cultura religiosa, contempla-se a expressão religiosa como uma representação de ideias, objetos e atos.
- **Apropriação e ressignificação:** implica o desenvolvimento de uma ação criativa que configura e concretiza o aprendizado

realizado por meio de atividades e reflexões que o estudo possibilitou. Esse processo envolve o registro do diálogo e da experiência sobre o conhecimento desenvolvido ao longo do percurso de ensino-aprendizagem.

- **Avaliação:** a avaliação na Educação Infantil é um elemento integrador entre os objetivos de aprendizagem e desenvolvimento e a apropriação dos saberes propostos. Além disso, contempla a atuação dos professores como mediadores na construção coletiva dos conhecimentos. A avaliação centra-se na verificação do desenvolvimento do processo de ensino-aprendizagem, não se limitando a uma única atividade, mas abrangendo o conjunto de atividades realizadas com e pela criança. Consiste, portanto, em um instrumento útil para o acompanhamento e a facilitação da aprendizagem.

A partir dessa proposta, se quer favorecer à criança da Educação Infantil o acesso a experiências acerca das identidades culturais religiosas presentes na dinâmica sociocultural, garantindo-lhes compreender o outro enquanto diferente no seu jeito de ser, pensar, agir, crer, em plena sintonia com os direitos de aprendizagem e desenvolvimento. Esse processo se concretiza pela construção de argumentos que revelam o posicionamento dos estudantes, incentivando a curiosidade, a exploração, a indagação sobre o conhecimento das relações, da natureza, de vivências éticas e estéticas, sobre o outro e, especialmente, sobre as tradições da família. Nesse quesito, cabe observar que o diálogo nos campos da experiência religiosa apreendida em família somente ocorrerá se, de fato, os responsáveis favorecerem essas experiências em suas tradições.

Na Educação Infantil, portanto, busca-se propor um caminho para que o conhecimento acerca da diversidade religiosa se constitua em instrumento para a convivência e o respeito.

REFERÊNCIAS

BRASIL. *Base Nacional Comum Curricular*: educação é base. Brasília: MEC/SEF, 2018. Disponível em: http://basenacionalcomum.mec.gov.br/abase/. Acesso em: 25 jan. 2024.

HALBWACHS, M. *A memória coletiva*. São Paulo: Vértice, 1990.

MINICUCCI, A. *Da psicologia soviética à pedagogia de Freinet*. Goiânia: Dimensão, 1992.

MIZUKAMI, M. da G. N. *Ensino*: as abordagens do processo. São Paulo: EPU, 1986.

PAVANI, C.; JUNQUER, A.; CORTEZ, E. *Jornal*: uma abertura para a educação. Campinas: Papirus, 2007.

RODRIGUES, E. F.; JUNQUEIRA, S. *Fundamentando pedagogicamente o Ensino Religioso*. Curitiba: Ibpex, 2009.

Parte II

Roteiros de atividades

Há roteiros que propõem atividades com uso de recursos digitais, como o acesso à internet durante as aulas que envolvam a cultura religiosa. Sempre que esses recursos não estiverem à disposição da realidade, sugere-se preparar sínteses, materiais impressos ou recorrer a outras metodologias para adaptá-los.

Além disso, é possível sempre enriquecer os roteiros com a preparação de contextos brincantes que introduzam a temática às crianças de forma lúdica e espontânea, porém, intencional: objetos, imagens e símbolos expostos na sala antes de iniciar as atividades podem despertar repertórios já presentes na vida das crianças, o que torna ainda mais significativa cada vivência.

Campos de experiências

Cassiana de Fátima Gonçalves Ferreira[12]
Isaura Paviani[13]
Verediane Santarosa Schenato[14]

A proposta dos **Roteiros de atividades** consiste em contemplar os campos de experiências apresentados pela BNCC para explorar e dialogar com as crianças sobre a leitura da diversidade cultural e religiosa na sociedade. Para tanto, organizamos os roteiros considerando para o campo de experiências "O eu, o outro e o nós" a identidade e a subjetividade a partir da compreensão do desenvolvimento social e pessoal da criança, analisando as maneiras como o sujeito se relaciona consigo e com os outros. Nessa perspectiva, as atividades foram idealizadas com a intencionalidade de contribuir com a criança para iniciar o seu processo de autoconhecimento e desenvolver a capacidade de respeitar o outro, aprendendo a conviver com as diferenças e a reconhecer essa convivência como algo imprescindível às relações e ao exercício cidadão, que requer a compreensão de que há diversas formas de comportamento, de pensar e crer na sociedade.

---

12 Licenciada em Pedagogia pela Universidade Católica do Rio Grande do Sul (PUC-RS). Licenciada em Letras pelo Centro Universitário Claretiano. Formação complementar em Teologia Pastoral pela Escola Superior de Teologia e Espiritualidade Franciscana (ESTEF). Pós-graduada em Neuropsicopedagogia, Educação Especial, Orientação Escolar pelo Centro Universitário Leonardo da Vinci e especialista em Juventudes (Faculdade Dom Bosco). Atua na Coordenação Pedagógica da Educação Infantil do Colégio Salesiano de Itajaí.

13 Licenciada em Letras pela Pontifícia Universidade Católica do Rio Grande do Sul (PUC-RS). Especialista em Gestão Colegiada e Gestão de Pessoas pela Pontifícia Universidade Católica do Paraná (PUC-PR).

14 Licenciada em História pela Universidade do Vale do Rio dos Sinos (UNISINOS) São Leopoldo – RS. Bacharelado em Direito pela Universidade de Caxias do Sul (UCS).

Para o campo de experiências "O eu, o outro e o nós", os objetivos de aprendizagem e desenvolvimento[15] são:

(EI03EO01) Demonstrar empatia pelos outros, percebendo que as pessoas têm diferentes sentimentos, necessidades e maneiras de pensar e agir.

(EI03EO02) Agir de maneira independente, com confiança em suas capacidades, reconhecendo suas conquistas e limitações.

(EI03EO03) Ampliar as relações interpessoais, desenvolvendo atitudes de participação e cooperação.

(EI03EO04) Comunicar suas ideias e sentimentos a pessoas e grupos diversos.

(EI03EO05) Demonstrar valorização das características de seu corpo e respeitar as características dos outros (crianças e adultos) com os quais convive.

(EI03EO06) Manifestar interesse e respeito por diferentes culturas e modos de vida.

(EI03EO07) Usar estratégias pautadas no respeito mútuo para lidar com conflitos nas interações com crianças e adultos.

Ao propor o campo de experiência "Corpo, gestos e movimentos", a intencionalidade consiste em promover às crianças, por meio de brincadeiras que envolvam gestos e movimentos, o acesso a conhecimentos sobre si mesmas, sobre o outro e sobre o espaço sociocultural. Para tanto, as atividades propostas nos roteiros que contemplam esse campo de experiências exploram a coordenação motora envolvendo diferentes linguagens, como a música, a dança, o teatro e as brincadeiras que propiciam a vivência de repertórios explorando os movimentos, os gestos, os olhares, os sons e as outras expressões corporais. Nessa dinâmica, as crianças aprendem a reconhecer as diferentes formas de expressão corporal que identificam a diversidade

15 BRASIL. *Base Nacional Comum Curricular*: educação é base. Brasília: MEC/SEF, 2018. p. 45-46. Disponível em: http://basenacionalcomum.mec.gov.br/abase/. Acesso em: 30 jan. 2024.

entre as pessoas, inclusive aqueles que manifestam modos de crer presentes na sociedade. Para o campo de experiências "Corpo, gestos e movimentos", os objetivos de aprendizagem e desenvolvimento[16] são:

> **(EI03CG01)** Criar com o corpo formas diversificadas de expressão de sentimentos, sensações e emoções, tanto nas situações do cotidiano quanto em brincadeiras, dança, teatro, música.
>
> **(EI03CG02)** Demonstrar controle e adequação do uso de seu corpo em brincadeiras e jogos, escuta e reconto de histórias, atividades artísticas, entre outras possibilidades.
>
> **(EI03CG03)** Criar movimentos, gestos, olhares e mímicas em brincadeiras, jogos e atividades artísticas como dança, teatro e música.
>
> **(EI03CG04)** Adotar hábitos de autocuidado relacionados a higiene, alimentação, conforto e aparência.
>
> **(EI03CG05)** Coordenar suas habilidades manuais no atendimento adequado a seus interesses e necessidades em situações diversas.

Os roteiros acerca do campo de experiência "Escuta, fala, pensamento e imaginação" têm a função de contribuir para explorar a linguagem oral, aspecto indispensável para a convivência e a compreensão do que pode acontecer ao redor. Ainda, possibilitam estimular as crianças a conversarem sobre as histórias contadas e a participarem de brincadeiras (cantigas de roda e jogos cantados) em que a oralidade apresenta uma grande influência no reconhecimento da pertença a um grupo social.

16 BRASIL. *Base Nacional Comum Curricular*: educação é base. Brasília: MEC/SEF, 2018. p. 47. Disponível em: http://basenacionalcomum.mec.gov.br/abase/. Acesso em: 25 jan. 2024.

Para esse campo de experiências, os objetivos de aprendizagem e desenvolvimento[17] são:

(EI03EF01) Expressar ideias, desejos e sentimentos sobre suas vivências, por meio da linguagem oral e escrita (escrita espontânea), de fotos, desenhos e outras formas de expressão.

(EI03EF02) Inventar brincadeiras cantadas, poemas e canções, criando rimas, aliterações e ritmos.

(EI03EF03) Escolher e folhear livros, procurando orientar-se por temas e ilustrações e tentando identificar palavras conhecidas.

(EI03EF04) Recontar histórias ouvidas e planejar coletivamente roteiros de vídeos e de encenações, definindo os contextos, os personagens, a estrutura da história.

(EI03EF05) Recontar histórias ouvidas para produção de reconto escrito, tendo o professor como escriba.

(EI03EF06) Produzir suas próprias histórias orais e escritas (escrita espontânea), em situações com função social significativa.

(EI03EF07) Levantar hipóteses sobre gêneros textuais veiculados em portadores conhecidos, recorrendo a estratégias de observação gráfica e/ou de leitura.

(EI03EF08) Selecionar livros e textos de gêneros conhecidos para a leitura de um adulto e/ou para sua própria leitura (partindo de seu repertório sobre esses textos, como a recuperação pela memória, pela leitura das ilustrações etc.).

(EI03EF09) Levantar hipóteses em relação à linguagem escrita, realizando registros de palavras e textos, por meio de escrita espontânea.

As atividades propostas nos roteiros que contemplam o campo de experiências "Traços, sons, cores e formas" são as que acentuam a experiência das crianças nos diferentes movimentos artísticos e culturais, enfatizando o conhecimento de si, do outro e da realidade que os cerca. Nesse sentido, as atividades primam por ampliar o repertório da criança envolvendo diversas linguagens e expressões, como a pintura, a colagem,

17 BRASIL. *Base Nacional Comum Curricular*: educação é base. Brasília: MEC/SEF, 2018. p. 49-50. Disponível em: http://basenacionalcomum.mec.gov.br/abase/. Acesso em: 25 jan. 2024.

a modelagem, a música, o teatro, a dança, entre outras que possibilitam desenvolver o senso crítico e estético, a sensibilidade e a criatividade por meio do acolhimento respeitoso das diferentes artes, que incluem também as de cunho religioso. Assim, intenciona-se possibilitar às crianças a ampliação de seus repertórios e propiciar vivências artísticas por meio das quais expressam sua singularidade. Para esse campo de experiências, os objetivos de aprendizagem e desenvolvimento[18] são:

(EI03TS01) Utilizar sons produzidos por materiais, objetos e instrumentos musicais durante brincadeiras de faz de conta, encenações, criações musicais, festas.

(EI03TS02) Expressar-se livremente por meio de desenho, pintura, colagem, dobradura e escultura, criando produções bidimensionais e tridimensionais.

(EI03TS03) Reconhecer as qualidades do som (intensidade, duração, altura e timbre), utilizando-as em suas produções sonoras e ao ouvir músicas e sons.

O campo de experiências "Espaços, tempos, quantidades, relações e transformações" pode ser compreendido como integrado ao desenvolvimento dos demais, visto que a diversidade de espaços (bairro, cidade...) e tempos (dia, noite, hoje, amanhã...) é abordada em conjunto com os aspectos que formam o mundo físico (transformações da natureza, fenômenos atmosféricos...) e o mundo sociocultural (tradições e costumes em convivência...). Ainda, fazem parte das experiências desse campo os conhecimentos matemáticos que possibilitam explorar a criatividade das crianças. Os elementos que compõem esse campo permitem ampliar os conhecimentos das crianças relacionados ao mundo físico e sociocultural.

18 BRASIL. *Base Nacional Comum Curricular*: educação é base. Brasília: MEC/SEF, 2018. p. 48. Disponível em: http://basenacionalcomum.mec.gov.br/abase/. Acesso em: 25 jan. 2024.

Para o campo de experiências “Espaços, tempos, quantidades, relações e transformações”, os objetivos são[19]:

(EI03ET01) Estabelecer relações de comparação entre objetos, observando suas propriedades.

(EI03ET02) Observar e descrever mudanças em diferentes materiais, resultantes de ações sobre eles, em experimentos envolvendo fenômenos naturais e artificiais.

(EI03ET03) Identificar e selecionar fontes de informações, para responder a questões sobre a natureza, seus fenômenos, sua conservação.

(EI03ET04) Registrar observações, manipulações e medidas, usando múltiplas linguagens (desenho, registro por números ou escrita espontânea), em diferentes suportes.

(EI03ET05) Classificar objetos e figuras de acordo com suas semelhanças e diferenças.

(EI03ET06) Relatar fatos importantes sobre seu nascimento e desenvolvimento, a história dos seus familiares e da sua comunidade.

(EI03ET07) Relacionar números às suas respectivas quantidades e identificar o antes, o depois e o entre em uma sequência.

(EI03ET08) Expressar medidas (peso, altura etc.), construindo gráficos básicos.

Os **Roteiros de atividades** visam, portanto, conceder às crianças oportunidades para mergulharem em experiências de aprendizagem nas quais construam para si mesmas competências que favoreçam sua convivência com as pessoas, tanto no ambiente familiar e escolar quanto nas situações do cotidiano, desenvolvendo, também, a sua autonomia para participar e colaborar com uma cultura de respeito a uma realidade plural.

19 BRASIL. *Base Nacional Comum Curricular*: educação é base. Brasília: MEC/SEF, 2018. p. 51-52. Disponível em: http://basenacionalcomum.mec.gov.br/abase/. Acesso em: 25 jan. 2024.

ROTEIRO 01

Campo de experiências	O eu, o outro e o nós
Objetivo(s) de aprendizagem e desenvolvimento associados à cultura religiosa	**(EI03EO03)** Ampliar as relações interpessoais, desenvolvendo atitudes de participação e cooperação. **(EI03EO04)** Comunicar suas ideias e sentimentos a pessoas e grupos diversos. **(EI03EO05)** Demonstrar valorização das características de seu corpo e respeitar as características dos outros (crianças e adultos) com os quais convive.
Previsão de horas/aulas	Três horas/aulas.
Recursos	• Livro *Eu sou assim e vou te mostrar*, de Heinz Janisch (Brinque-Book, 2017). • Uma folha de papel kraft (1,5 m) por criança. • Canetões, giz de cera, canetinhas... • Providenciar como expor os desenhos em papel kraft das crianças em um mural. • Papel kraft para registrar as palavras-chave das crianças. • Vídeo "Normal é ser diferente", de Grandes Pequeninos, disponível no YouTube. • Equipamento audiovisual com acesso à internet. • Selecionar as músicas indicadas no roteiro para tocá-las com aparelho de som ou equipamento audiovisual com acesso à internet (sugestão).

OBSERVAÇÃO

Atividade mobilizadora 1

Nesta atividade, vamos explorar as características das crianças, abordando as diferenças entre elas. Para isso, é necessário organizá-las em círculo, de modo que fiquem acomodadas e possam enxergar bem o professor.

Leia para as crianças o livro *Eu sou assim e vou te mostrar*[20], de Heinz Janisch, expondo as ilustrações a todos no processo. Se possível, realize a leitura em forma de contação de história, de modo a ampliar a ludicidade da metodologia.

Após a leitura, mobilize uma conversa a respeito das características apresentadas na história – mencione cabelo, olhos, nariz, orelhas, boca, pescoço, braços, mãos, barriga, bumbum, pernas, sorriso e outras. Pergunte se possuem essas características, como elas são e de que forma as usam. Estabeleça a relação entre as características das crianças e aquelas apresentadas no livro, motivando a comentarem semelhanças e diferenças entre elas.

Faça a correlação com as características das crianças da turma, motivando a comentarem as suas próprias características e as dos colegas que são semelhantes ou diferentes das suas.

Medeie a conversa conforme a demanda das crianças.

Atividade mobilizadora 2

Entregue uma folha de papel kraft para cada criança. Divida a turma em duplas, depois oriente que uma criança de cada dupla se deite sobre o papel kraft, enquanto a outra deverá fazer o contorno de seu corpo, utilizando giz de cera. Ao final, alternam entre as duplas para que ambas as crianças sejam desenhadas em seu papel kraft.

20 JANISCH, H. *Eu sou assim e vou te mostrar*. São Paulo: Brinque-Book, 2017.

Com a silhueta de cada criança desenhada no papel kraft, inicie a personalização solicitando que completem a sua representação com seus cabelos, olhos, boca, nariz... Nesse processo, incentive que cada um da dupla contribua com o colega desenhando um detalhe na silhueta do outro.

SUGESTÃO

Se a realidade permitir, ofereça materiais diversos para que personalizem suas silhuetas, como pedaços de fita, tecidos, papel crepom, botões, lantejoulas, lã...

Durante a atividade, pode-se apresentar músicas que contribuam para ampliar o repertório de conhecimento das crianças sobre si mesmas e de acolhimento às diferenças. Músicas que explorem a empatia, a necessidade de respeito diante da diversidade, a valorização da beleza de cada pessoa, entre outras. Seguem algumas sugestões facilmente encontradas na internet:

- "Coloridos" (Palavra Cantada).
- "Todos os povos" (Mundo Bita).

IDENTIFICAÇÃO E ANÁLISE

Organize uma exposição dos desenhos personalizados, para serem apreciados pelas crianças. Coloque-os pendurados ou no chão da sala, de acordo com as possibilidades reais.

Convide as crianças para observarem o resultado dos trabalhos.

Roda de conversa

Relembre com as crianças a história lida ou contada, articulando alguns comentários às observações dos desenhos que representam a si mesmas. Converse sobre os desenhos, questionando:

- Quais características cada um destacou de si mesmo?
- O que mais atraiu a atenção nos desenhos personalizados?

- Quais características físicas são semelhantes entre as crianças da turma?

IMPORTANTE

Registre os elementos relevantes dos comentários das crianças por meio de recursos como papel kraft, gravador de voz ou vídeo, para utilizar na atividade avaliativa.

Valorize as diferenças constatadas pelo grupo, contribuindo para a percepção das crianças sobre um senso estético que foge ao padrão.

APROPRIAÇÃO E RESSIGNIFICAÇÃO

Comente com as crianças sobre o complemento que cada uma delas fez no desenho de sua dupla. Explore que cada pessoa percebe em nós aspectos do nosso jeito de ser e agir, além de nossas características. Peça que destaquem o que cada colega inseriu no seu desenho. Ressalte que esse é um "pontinho", um aspecto que o nosso colega percebe, vê em nós.

Motive as crianças a escolherem palavras-chave que descrevam seus desenhos, depois as anote em um papel kraft. Utilize o registro para conversar sobre as palavras-chave e observe com as crianças a importância das diferenças sobre si mesmos e dos colegas.

Convide-as a observarem melhor as diferenças étnicas que configuram o grupo, assim como os aspectos culturais e religiosos que podem ser vistos nos desenhos. Caso não sejam identificados os aspectos religiosos, cabe questionar o que cada uma poderia acrescentar em seus desenhos relacionado à dimensão do religioso.

Após ouvir as crianças sobre os aspectos religiosos, explore o que sabem e aprendem com seus familiares sobre Deus, as divindades, entre outras questões que possam surgir relacionadas ao conhecimento religioso que possuem. Teça comentários sobre a valorização das diferenças e da vida humana, bem como a importância de atitudes de respeito para com todos, independentemente de etnia, condição social ou crença religiosa.

ATIVIDADE AVALIATIVA

Providencie um mural de exposição com os desenhos que representam a si mesmas e as palavras-chave, acompanhados das descrições das crianças.

Proponha a produção de uma legenda para os cada desenho. Para isso, utilize o registro dos comentários – escrito ou gravado – de quando descreveram seus desenhos para resgatar o que disseram e orientá-las na produção de suas legendas.

Convide as crianças a reverem a atividade e criarem juntas uma frase de resumo sobre o que aprenderam com o estudo.

Ao longo das situações propostas no roteiro, pode-se avaliar se a criança é capaz de:

- Descrever as características físicas como um dos aspectos da identificação e da expressão de diferenças étnicas, culturais e religiosas entre as pessoas.
- Entender a importância do respeito nas relações entre as pessoas.

ROTEIRO 02

Campo de experiências	O eu, o outro e o nós
Objetivo(s) de aprendizagem e desenvolvimento associados à cultura religiosa	**(EI03EO01)** Demonstrar empatia pelos outros, percebendo que as pessoas têm diferentes sentimentos, necessidades e maneiras de pensar e agir. **(EI03EO02)** Agir de maneira independente, com confiança em suas capacidades, reconhecendo suas conquistas e limitações. **(EI03EO04)** Comunicar suas ideias e sentimentos a pessoas e grupos diversos. **(EI03EO06)** Manifestar interesse e respeito por diferentes culturas e modos de vida. **(EI03EO07)** Usar estratégias pautadas no respeito mútuo para lidar com conflitos nas interações com crianças e adultos.
Previsão de horas/aulas	Três horas/aulas.
Recursos	• Livro *O homem que amava caixas*, de Stephen Michael King (Brinque-Book, 1997). • Equipamento para a projeção audiovisual com acesso à internet. • Imagens que representem diferentes expressões de amor a alguém. • Folhas de papel A4. • Materiais para desenhar (lápis de cor, canetinhas coloridas, giz de cera...). • Papel kraft. • Cola. • Vídeo "História para trabalhar as emoções", de Taise Agostini, disponível na internet. • Kit de corações em papel-cartão para todas as crianças. Desenhe ou cole um *emoji* em cada coração, que represente sentimentos e emoções como tristeza, alegria, medo, amor, nojo e raiva. • Um grande coração em cartolina ou papel kraft.

OBSERVAÇÃO

Atividade mobilizadora 1

Organize o grupo para contar a história *O homem que amava caixas*[21], de Stephen Michael King.

Após a contação da história, converse com as crianças sobre as suas percepções, fazendo perguntas relativas ao que sentiam pai e filho um pelo outro; ao que o pai amava; e ao modo como ele demonstrava seu amor pelo filho. Explore como as pessoas ao redor observavam e se manifestavam sobre a maneira de o homem agir.

SUGESTÃO

Para a contação da história, organize um cenário com caixas diversas em cores e tamanhos.

Explique as possíveis maneiras de expressar a alguém o quanto o amamos. Solicite às crianças quais são as diferentes formas de expressar amor e carinho que elas observam e realizam em sua dinâmica familiar.

Atividade mobilizadora 2

Com equipamento para projeção audiovisual, exiba imagens que representem diferentes expressões de amor a alguém, tais como: uma criança entregando uma flor a uma mulher idosa (avó); uma criança ajudando a família em uma tarefa doméstica; pais brincando com os filhos; pais ajudando os filhos em alguma atividade (lição da escola, aprender a andar de bicicleta...).

Incentive as crianças a observarem as imagens e a comentarem por que elas representam amor a alguém. Solicite que descrevam quais ações realizam que expressam o seu amor, o seu carinho por um amigo, pelos familiares, pelos animais.

21 KING, S. M. *O homem que amava caixas*. São Paulo: Brinque-Book, 1997.

Após a conversa, distribua folhas de papel A4 e materiais para desenho. Peça às crianças para desenharem diferentes formas de expressar amor, carinho, por uma pessoa.

Reúna os desenhos em um cartaz maior, colando-os em papel kraft. Peça a cada criança uma explicação sobre o que desenhou e, com base nela, escreva uma legenda.

IMPORTANTE

O cartaz será utilizado em outra atividade, portanto, reserve-o.

Abordar as diferentes expressões do amor é um assunto importante, que pode trazer elementos muito pessoais das vivências das crianças, inclusive relacionadas a abusos e violências. É fundamental a atenção e a mediação do professor ao lidar com esses relatos.

IDENTIFICAÇÃO E ANÁLISE

Para abordar outros sentimentos além do amor, apresente o vídeo "História para trabalhar as emoções", disponível no YouTube.

VÍDEO

HISTÓRIA para trabalhar as emoções. 1 vídeo (5:06 min.), 2021. Publicado pelo canal Taise Agostini.

Explore junto às crianças os sentimentos vividos pela personagem da história. Ajude-as a identificarem semelhanças e diferenças entre esses sentimentos, de acordo com as experiências e os acontecimentos narrados na história.

Retome o cartaz com os desenhos legendados e converse com as crianças sobre a diversidade na manifestação dos sentimentos, comparando-os aos mencionados na história e destacando os seguintes aspectos:

- Os sentimentos são experimentados diante de um gesto, de algo que ouvimos ou vimos, pois se relacionam a pessoas e/ou acontecimentos vividos.

- As pessoas expressam seus sentimentos por meio do corpo, ao abraçarem, beijarem, chorarem, franzirem a testa, entre outras formas.
- As emoções se manifestam por meio de reações físicas diante de situações, palavras e outros estímulos.
- As situações estimulam sentimentos e emoções que podem ser positivas ou negativas, como receber a visita inesperada de alguém que gostamos muito ou lidar com a doença de uma pessoa da família, a perda de um animalzinho de estimação, uma ofensa...
- Sentimentos relacionados à religião, que podem ser aprendidos ao perceber que um ser superior, Deus, expressa seu amor de diferentes maneiras: pela criação da natureza, pelo dom da vida das pessoas...

Ao tratar dos sentimentos relacionados à religião – ao amor de Deus, do transcendente –, é necessário explorar o que as crianças conhecem ou aprenderam em suas famílias. Converse sobre como definem Deus, a divindade, e como o amor divino é ensinado às pessoas.

APROPRIAÇÃO E RESSIGNIFICAÇÃO

Prepare um *kit* de corações em papel-cartão para cada uma das crianças. Desenhe ou cole um *emoji* em cada coração, que represente sentimentos e emoções como tristeza, alegria, medo, amor, nojo e raiva.

Brinque com as crianças perguntando sobre como se sentiriam diante de algumas situações. A partir das perguntas propostas na sequência, e outras que o professor pode elaborar, as crianças deverão escolher um dos *emojis* colados/desenhados nos corações, erguendo-o para representar a sua resposta.

- Quando você não faz o que sua professora pede, como se sente? E a sua professora?
- Sua mãe está doente. Como você se sente ao saber disso? Como você acredita que ela se sente?

- Você ouve sua avó falar com Deus, rezar. Como se sente diante disso?
- Seus amigos brigaram porque um não quis brincar com o outro. Como você acha que o amigo que propôs a brincadeira se sentiu? Quem não queria participar daquela brincadeira, como será que se sentiu? E você, como se sente diante da situação de ver seus amigos brigando?
- Alguém falou mal do corte de cabelo de um colega de sua escola. Como esse colega se sentiu?
- Como você se sente quando alguém debocha de algo que é seu, que você fez ou gosta?

SUGESTÃO

Pode-se fazer um quadro com as perguntas propostas, deixando espaços para registrar as respostas. Para esse registro, sugere-se a colagem de imagens correspondentes ao que as crianças responderam. Para isso, multiplique previamente as imagens que foram entregues às crianças nos corações de papel.

Com base nas respostas, reflita com as crianças sobre como cada um é diferente do outro e expressa seus sentimentos/emoções à sua maneira. Além disso, converse sobre a influência das atitudes de uma pessoa na vida das outras, pois podem deixá-las felizes, tristes, chateadas, com raiva...

Explore junto a elas que é normal sentirmos raiva, medo ou tristeza, mas é importante saber administrar esses sentimentos. Peça que comentem situações em que se sentem assim. A partir de seus relatos, mencione a importância de cuidar das palavras e das atitudes para não ferir as pessoas, incentivando a prática do respeito aos sentimentos delas.

Com relação à pergunta sobre o colega que se nega a participar da brincadeira do outro, aproveite a oportunidade para falar sobre frustrações. Comente que nem sempre as coisas acontecem como a gente deseja, e isso requer aprender a aceitar a opinião do outro.

Sobre as religiões, explique que elas orientam a praticar o sentimento do amor ao próximo. Para isso, as religiões pedem às pessoas para expressarem o amor ao próximo: dedicando tempo para ajudá-lo, ouvi-lo, animá-lo e conhecê-lo; não debochando ou falando mal dele; ajudando-o nos momentos bons e nos momentos difíceis; ouvindo-o com atenção; e praticando o respeito por meio de palavras e atitudes.

Converse com as crianças sobre como essas atitudes podem ser aplicadas na convivência entre elas na sala de aula.

ATIVIDADE AVALIATIVA

Confeccione em uma cartolina ou papel kraft um grande coração. Retome com as crianças o que foi visto e refletido nas aulas. Com a ajuda delas, anote dentro do coração as atitudes consideradas necessárias para uma convivência respeitosa com a maneira como cada pessoa expressa seus sentimentos/emoções, pensamentos e ações.

Observe se as crianças se mostram capazes de:

- Identificar sentimentos/emoções básicas nas relações.
- Relacionar sentimentos/emoções a situações e outros estímulos, inclusive religiosos.

ROTEIRO 03

Campo de experiências	O eu, o outro e o nós
Objetivo(s) de aprendizagem e desenvolvimento associados à cultura religiosa	**(EI03EO01)** Demonstrar empatia pelos outros, percebendo que as pessoas têm diferentes sentimentos, necessidades e maneiras de pensar e agir. **(EI03EO03)** Ampliar as relações interpessoais, desenvolvendo atitudes de participação e cooperação. **(EI03EO04)** Comunicar suas ideias e sentimentos a pessoas e grupos diversos. **(EI03EO05)** Demonstrar valorização das características de seu corpo e respeitar as características dos outros (crianças e adultos) com os quais convive. **(EI03EO06)** Manifestar interesse e respeito por diferentes culturas e modos de vida. **(EI03EO07)** Usar estratégias pautadas no respeito mútuo para lidar com conflitos nas interações com crianças e adultos.
Previsão de horas/ aulas	Cinco horas/aulas.
Recursos	• Fantoches/bonecos que representem um menino e uma menina. • Quadro e giz. • Uma folha de papel A4 e materiais de desenho para cada criança. • Preparar bilhete para a família da criança sobre a atividade a ser realizada em casa. • Equipamento para a projeção audiovisual com acesso à internet, para reproduzir vídeos disponíveis no YouTube. • Vídeo "História infantil: o preço da amizade", de Natália (Espaço Educar), disponível no YouTube. • Papel kraft com a palavra "amigo", para escrever ao redor dela as respostas das crianças. • Uma folha de papel A4 para cada criança, com a pergunta: *O que é um amigo?* (dispor a pergunta na parte superior da folha, pois a criança responderá desenhando). • Materiais de desenho para cada criança (lápis de cor, giz de cera e afins). • Providenciar um varal para a exposição dos desenhos das crianças na sala de aula.

OBSERVAÇÃO

Atividade mobilizadora 1

Disponha as crianças sentadas em círculo. Apresente fantoches/bonecos que representem um menino e uma menina, convidando a turma para nomear cada um. Explique que juntos produzirão uma história coletiva sobre a amizade desses dois personagens.

Escolhidos os nomes, conduza as crianças a pensarem sobre as características desses personagens: quem é mais agitado, mais calmo, mais paciente... Deixe-os elegerem as características e, depois, ajude-os a pensarem sobre a amizade desses personagens, imaginando como se conheceram e se tornaram amigos que sempre se apoiam em momentos bons e difíceis.

Em seguida, proponha a produção de uma história na qual esses personagens, já amigos, lidarão com uma situação que envolva ajuda, alegria, partilhas e convivência. Oriente as crianças e as auxilie a elaborarem os diálogos entre os personagens, intercalando-os com a descrição de um narrador sobre o que acontece. Registre as informações no quadro, produzindo o texto da história.

Ao final, leia para as crianças o resultado e certifique-se se desejam modificar algo. Concluído o texto, conte a história utilizando os dois fantoches/bonecos para representá-la.

Atividade mobilizadora 2

A partir da história produzida, explore a importância dos vínculos na amizade. Explique que o vínculo é aquilo que liga afetivamente um amigo a outro e que o percebemos no modo como acontece a interação entre eles, em brincadeiras, jogos, músicas e outras atividades. Comente que nos momentos ruins o vínculo entre os amigos se fortalece quando um apoia o outro. Destaque que, na amizade, o respeito é essencial porque respeitar um amigo envolve: não contar os segredos dele; aceitá-lo do jeito que ele é; ajudá-lo a não cometer erros e a fazer boas escolhas; animá-lo quando está triste ou desanimado...

Entregue para as crianças uma folha de papel A4 e solicite que pensem em alguém de quem são amigos. Peça que façam um desenho para representar a amizade com essa pessoa e, depois de socializarem o que produziram, incentive-os a comentarem sobre essa amizade retratada. Pergunte quais são as coisas que gostam de fazer com o(a) amigo(a) em quem pensaram, o que mais admiram nele(a), como se ajudam, e outros aspectos que contribuam no reconhecimento desse vínculo de amizade que possuem.

Proponha às crianças que, a cada dia, uma delas leve os fantoches/bonecos para casa, como se eles visitassem a sua família. Ao levar os fantoches/bonecos, a criança deverá contar aos familiares a história da amizade entre eles. Nessa experiência, terão como tarefa fazer com os familiares um desenho, acompanhado de uma frase, que represente como foi conhecer a história da amizade desses fantoches/bonecos e recebê-los como visitantes.

IMPORTANTE

Prepare um bilhete para orientar as famílias sobre a atividade.

IDENTIFICAÇÃO E ANÁLISE

Exiba o vídeo que apresenta a "História infantil: o preço da amizade", de Natália (Espaço Educar), disponível no YouTube.

A partir da história do vídeo, explore o valor da amizade destacando os vínculos entre os principais personagens, Lucas e Pedro, que se revelam em gestos de solidariedade, ajuda, diálogo e apoio.

VÍDEO

ESPAÇO EDUCAR. *História infantil*: o preço da amizade. 1 vídeo (4:33 min.), 2021. Publicado no canal Blog Espaço Educar.

Destaque que um dos personagens, Lucas, tinha uma religião e aprendeu com sua mãe a oração da amizade, para rezar pelos amigos que tinha conquistado. Explique que muitas pessoas pertencem a alguma religião e aprendem nela a rezarem dirigindo-se a Deus, a alguma divindade, para agradecer, pedir ajuda quando estão precisando de algo em suas vidas ou para pedir proteção/conforto a outra pessoa.

Pergunte às crianças se sabem ou conhecem alguém que faz alguma oração, assim como o personagem da história. Reserve tempo para que comentem o que sabem, procurando observar quais são os conhecimentos que possuem sobre o tema que poderão ser úteis às abordagens deste roteiro e/ou em outras aulas.

APROPRIAÇÃO E RESSIGNIFICAÇÃO

Escreva em papel kraft a palavra "amigo" e questione às crianças quais são as características que um amigo deve ter. Dentre as expressões que caracterizam uma amizade, podem aparecer: bondade, sinceridade, dizer a verdade, não brigar, não mentir, gentileza, paciência, alegria, guardar segredos, confiança, ajudar nas dificuldades, entre outras.

Registre as palavras e/ou frases mencionadas pelas crianças. Depois converse sobre qual é a importância de se ter um ou mais amigos. O registro pode ficar exposto na sala por várias aulas, para que a cada dia o grupo destaque uma frase e/ou palavra importante para cuidar de suas amizades.

ATIVIDADE AVALIATIVA

Entregue a cada criança uma folha de papel A4 com a seguinte pergunta: *O que é um amigo?* Solicite que respondam à pergunta com um desenho, no qual deverão representar o que aprenderam com o estudo.

Prepare um varal didático para expor os desenhos das crianças na sala de aula.

Durante essa atividade, pode-se colocar para tocar a música "Amigo, estou aqui!", disponível na internet.

VÍDEO

AMIGO, ESTOU AQUI! Com Zé da Viola, Woody e Buzz Lightyear (Marco Ribeiro e Guilherme Briggs). 1 vídeo (4:45 min.), 2019. Publicado pelo canal Castro Brothers.

ROTEIRO 04

Campo de experiências	O eu, o outro, o nós
Objetivo(s) de aprendizagem e desenvolvimento associados à cultura religiosa	**(EI03EO01)** Demonstrar empatia pelos outros, percebendo que as pessoas têm diferentes sentimentos, necessidades e maneiras de pensar e agir. **(EI03EO03)** Ampliar as relações interpessoais, desenvolvendo atitudes de participação e cooperação. **(EI03EO04)** Comunicar suas ideias e sentimentos a pessoas e grupos diversos. **(EI03EO05)** Demonstrar valorização das características de seu corpo e respeitar as características dos outros (crianças e adultos) com os quais convive. **(EI03EO06)** Manifestar interesse e respeito por diferentes culturas e modos de vida. **(EI03EO07)** Usar estratégias pautadas no respeito mútuo para lidar com conflitos nas interações com crianças e adultos.
Previsão de horas/aulas	Quatro horas/aulas.
Recursos	• Livro *A cor de Coraline*, de Alexandre Rampazo (Rocco Pequenos Leitores, 2017). • Folhas de papel A4 brancas com imagens de rostos de crianças de diferentes etnias para serem coloridas (uma folha para cada criança). • Materiais para pintura (lápis de cor, giz de cera e afins). • Providenciar como expor os desenhos pintados pelas crianças.

Recursos	• Diferentes imagens, suficientes para o número de crianças, de: animais, avião, bonecas de etnias diferentes, bola, bicicleta, livro, crianças com óculos, crianças em cadeira de rodas e/ou usando muletas, crianças de diferentes etnias, crianças em posição de oração, pessoas idosas (homens e mulheres), cadeira, óculos, alimentos, entre outras que considerar capazes de representar variados aspectos da vida das crianças. • Uma folha de papel kraft para cada criança. • Cola disponível para as crianças colarem uma imagem escolhida na folha de papel kraft. • Uma folha de papel A4 para cada criança. • Materiais para desenho (lápis de cor, canetinhas...). • Livro *O que cabe no meu mundo II: lealdade*, de Janayna Alves Brejo (Cedic, 2011; Coleção Valores). • Vídeo da música "A amizade", do Mundo Bita, e equipamento audiovisual com acesso à internet para exibi-lo. • Papel kraft ou quadro para elaborar uma tabela coletiva. • Desenho de uma grande árvore com tronco e galhos, para ser preenchida com desenhos das crianças. • Coração de papel e materiais de desenho para cada criança desenhar dentro. • Cola ou fita adesiva.

OBSERVAÇÃO

Atividade mobilizadora 1

Disponha as crianças em roda e faça uma contação de história do livro *A cor de Coraline*[22], de Alexandre Rampazo (Rocco Pequenos Leitores, 2017).

SUGESTÃO

Providencie os lápis nas cores que aparecem na história e, à medida que mencioná-las, mostre-os junto às imagens do livro.

Essa história tem dois personagens principais: Pedrinho e Coraline. O enredo se desenvolve a partir do pedido de Pedrinho para que Coraline lhe empreste um lápis "cor de pele". Esse pedido deixa Coraline confusa, pois ela não sabe exatamente o que ele quer: *O que é a cor de pele? A cor da pele seria de quem?* E, na busca por respostas, a imaginação dela a faz criar muitas possibilidades para a cor de pele das pessoas.

O conteúdo da história possibilita ao professor refletir com as crianças sobre o autoconhecimento, a identidade, a alteridade e a diversidade de modo lúdico e inspirador. A partir da narrativa, é possível explicar que as cores não servem unicamente para diferenciar, mas para tornar tudo mais bonito; pode-se construir com as crianças um olhar sobre a beleza da multiplicidade, desenvolvendo a empatia e o respeito às diferenças. Trata-se de um conteúdo que permite diálogos e atividades que contribuem para que as crianças possam conhecer e reconhecer as cores das diversas belezas que se encontram nas pessoas, compreendendo que vivem em meio à diversidade, e que ela torna o nosso mundo mais interessante.

Atividade mobilizadora 2

Proponha as seguintes atividades, com base na história:

1. Converse com as crianças sobre as questões a seguir, reservando tempo para que possam se expressar:
   a. O que Coraline imaginou diante da pergunta de Pedrinho?
   b. Existe apenas uma cor de pele?

22 RAMPAZO, A. *A cor de Coraline*. Rio de Janeiro: Rocco Pequenos Leitores, 2017.

c. Quem já havia percebido que cada pessoa tem uma cor de pele própria? Por que as pessoas têm uma cor de pele diferente?

d. Por que Coraline passou para Pedrinho o lápis marrom?

A partir das respostas das crianças, sugere-se:

a. Retomar o que a personagem pensou, revendo as imagens do livro que retratam a sua imaginação de como seria a cor de pele das pessoas que vivem no planeta Marte; onde Judas perdeu as botas; no país dos envergonhados; se as pessoas fossem peixes dourados; se o mundo fosse fofinho ou todo azul...

b. Ouvir os comentários das crianças observando como reconhecem as diferenças entre as cores de pele, mantendo a atenção para possíveis menções a viverem em um mundo com pessoas diferentes. Ajude-os a identificarem e a exemplificarem quais seriam essas diferenças.

c. É importante refletir com as crianças que a cor de pele está relacionada à sua origem, ou seja, é resultante da família na qual as pessoas nascem.

d. Espera-se que as crianças percebam que Coraline escolheu a cor do lápis de acordo com a cor da pele dela.

2. Providencie e entregue folhas de papel A4 brancas com imagens de rostos de crianças de diferentes etnias para serem coloridas (uma folha para cada criança). Essa folha deverá ser organizada da seguinte forma: no topo, a imagem do rosto de uma criança; abaixo dela, três rostos para representarem as pessoas de sua família; mais abaixo, outros três rostos para representarem os colegas da escola; e, por fim, mais abaixo, três rostos para representarem as pessoas que uma criança pode encontrar nos lugares que frequenta.

   a. Solicite às crianças que, usando lápis de cores diferentes, pintem os rostos para identificarem a cor de sua pele, das pessoas de sua família, dos seus colegas de escola e daqueles que encontram nos lugares que frequentam.

b. Após concluírem a atividade, exponha os desenhos pintados e convide para apreciarem o que cada um dos colegas fez.

c. Converse sobre a diversidade representada nos desenhos. Explore que onde vivemos há uma grande variedade de cor de pele, por isso sempre seremos diferentes uns dos outros. Questione, em seguida: *por que é preciso respeitar as diferenças?*

Finalize esse momento construindo com as crianças uma frase coletiva sobre a beleza que cada uma possui e as diferenças que tornam o mundo mais bonito.

IDENTIFICAÇÃO E ANÁLISE

Disponha as crianças em círculo e, no centro, coloque diferentes imagens, em número suficiente para todas elas, de: animais, avião, bonecas de etnias diferentes, bola, bicicleta, livro, crianças com óculos, crianças em cadeira de rodas e/ou usando muletas, crianças de diferentes etnias, crianças em posição de oração, pessoas idosas (homens e mulheres), cadeira, óculos, alimentos, entre outras que considerar capazes de representar variados aspectos de suas vidas.

IMPORTANTE

Reserve cópias das imagens para substituí-las conforme as crianças escolherem uma para representar sua realidade, na atividade a seguir.

Solicite que observem as imagens por algum tempo. Depois comente que as imagens representam um pouco das muitas coisas e pessoas diferentes que existem no mundo. Enfatize que vivemos em um mundo diverso, repleto de coisas e pessoas diferentes. Peça que comentem como é o mundo em que vivem, o que há em suas realidades e quais das imagens representam parte de suas vidas, de seu mundo.

Entregue para cada criança uma folha de papel kraft e solicite que escolham uma das imagens para representar algo que faz parte de seu mundo, de sua realidade. Conforme as crianças realizarem suas escolhas, faça a reposição das imagens escolhidas para que possam ter sempre as mesmas opções.

Na sequência, cada criança deverá verbalizar o porquê de sua escolha e colar a imagem no papel kraft que lhe foi entregue. Depois de todas terem apresentado suas escolhas e realizado a colagem, motive-as a olharem os trabalhos umas das outras observando quais são as semelhanças e as diferenças.

Convide-as a pensarem sobre como cada um da turma tem seu jeito e explore: como se veem; o que reconhecem de diferente entre eles na maneira de agir, de se relacionar, de falar e de crer (se possível); suas preferências (alimentos, brincadeiras, músicas, vestimentas...). No decorrer da reflexão, ajude-as progressivamente a identificarem que essas diferenças são importantes, porque permitem que aprendam uns com os outros coisas diferentes. Comente que é possível conviver bem com quem não é igual a nós e sermos amigos mesmo assim, porém ressalte que para conviver com quem pensa diferente é preciso praticar o respeito.

Trabalhe com as crianças sobre o significado do respeito, explorando:

- Saber ouvir e compreender o jeito do outro.
- Saber pedir desculpas quando estiver errado ou magoar o outro.
- Os cuidados pessoais (alimentação adequada, higiene...) como respeito a si mesmos.
- A atitude de respeito com os pais e pessoas idosas, sendo pacientes com suas limitações. Sobre as limitações que envolvem os idosos, pode-se mencionar como exemplo o fato de que geralmente andam devagar, solicitando que comentem outras limitações dos idosos que conhecem.
- O cuidado para não magoar as pessoas que não são ou pensam igual a eles.
- O respeito para com a natureza, cuidando bem dela.

Apresente o vídeo da música "Diferenças", de Boogye no Parquinho, disponível no YouTube. Converse sobre a diversidade da qual fazem parte e apresente como exemplo de respeito às diferenças o modo como nos relacionamos com os amigos e suas diferenças. Comente a importância de aceitar o outro e o seu jeito. Explore a letra da música e cante com as crianças.

VÍDEO

DIFERENÇAS – Clipe infantil oficial. 1 vídeo (2:31 min.), 2019. Editado e publicado pelo canal Boogye no Parquinho.

Peça que cada criança descreva as diferenças entre ela e seus amigos. Solicite que descreva, também, como o respeito é expresso nessa amizade. Finalize entregando uma folha de papel A4 e materiais para desenho às crianças. Solicite que produzam um desenho para demonstrarem os interesses comuns e as diferenças entre elas e aquele(a) que consideram seu(s) melhor(es) amigos(as).

Apresente a música "Boas maneiras", de Boogye no Parquinho, e converse sobre as boas maneiras para expressar o respeito aos amigos e às pessoas com as quais convivemos. Cante com as crianças.

VÍDEO

BOAS MANEIRAS – Clipe infantil oficial. 1 vídeo (2:31 min.), 2019. Editado e publicado pelo canal Boogye no Parquinho.

APROPRIAÇÃO E RESSIGNIFICAÇÃO

Problematize, com base no livro *O que cabe no meu mundo II: lealdade*[23], de Janayna Alves Brejo (Cedic, 2011), as atitudes de quem é leal com as pessoas com as quais convive, com os amigos e os familiares. A partir da história, apresente questões como:

- É fácil ou difícil cumprir o que promete a alguém? Por quê?

23 BREJO, J. A. *O que cabe no meu mundo II*: lealdade. Belo Horizonte: Cedic, 2011.

- Quem sabe ou tem dificuldades de guardar segredos?
- Você brinca com todos os colegas?

Em seguida, apresente o vídeo da música "A amizade", do Mundo Bita, e cante-a com as crianças.

VÍDEO

MUNDO BITA. A amizade [clipe infantil]. 1 vídeo (3:18 min.), 2018. Publicado pelo canal Mundo Bita.

Explore a letra da canção, explicando as estrofes. Cite e peça exemplos às crianças de atitudes similares e diferentes das vistas na história *O que cabe no meu mundo II: lealdade*.

Com papel kraft ou utilizando o quadro, oriente-os a produzirem uma tabela coletiva de boas atitudes, como lealdade e respeito, para se ter nas relações de amizade, com a família e com as pessoas com as quais convivemos e/ou dividimos os diferentes espaços que frequentamos: escola, igreja, parque, shopping, mercado...

Após ouvirem a música e elaborarem a tabela, motive as crianças a escolherem coletivamente uma frase da música que será cantada como mantra. Para isso, assistam novamente ao videoclipe e escolham a frase, escrevendo-a na tabela.

ATIVIDADE AVALIATIVA

Proponha às crianças que, em grupos, façam uma "árvore do coração". Para isso, proceda da seguinte forma:

- Coloque no chão da sala um desenho de tronco de árvore e galhos. Explique às crianças que elas completarão a árvore com os seus desenhos.
- Entregue a cada criança um coração de papel e solicite que desenhem nele uma atitude que represente o respeito às diferenças para com as pessoas. Para isso, as crianças precisam

pensar em tudo o que aprenderam com as histórias e as atividades realizadas anteriormente – relembre com elas o que foi visto, deixando que comentem e apenas complementando as informações quando necessário.

- Após desenharem, convide-as a colarem na árvore os seus corações com os desenhos.

Converse sobre o resultado do que fizeram e quais atitudes todos da turma precisam buscar praticar, pois são necessárias à boa convivência com amigos, a família e a escola. Comente sobre como essas atitudes podem cooperar para o respeito existir entre as pessoas.

Observe se houve compreensão sobre o desenvolvimento das habilidades básicas de saber ouvir, respeitar e se colocar no lugar do outro. Pode-se utilizar a tabela produzida com as crianças para analisar mensalmente com elas quais atitudes estão sendo praticadas e quais ainda são desafiadoras, de modo que precisam empreender esforços para realizá-las.

ROTEIRO 05

Campo de experiências	Corpo, gestos e movimentos O eu, o outro e o nós
Objetivo(s) de aprendizagem e desenvolvimento associados à cultura religiosa	**(EI03CG01)** Criar com o corpo formas diversificadas de expressão de sentimentos, sensações e emoções, tanto nas situações do cotidiano quanto em brincadeiras, dança, teatro, música. **(EI03CG02)** Demonstrar controle e adequação do uso de seu corpo em brincadeiras e jogos, escuta e reconto de histórias, atividades artísticas, entre outras possibilidades. **(EI03EO05)** Demonstrar valorização das características de seu corpo e respeitar as características dos outros (crianças e adultos) com os quais convive.
Previsão de horas/ aulas	Seis horas/aulas.
Recursos	• Aparelho de som. • Música ambiente para animar a atividade. • Um mesmo objeto para cada dupla de crianças (bola, pano, boneco ou outro). • Músicas cujas letras descrevam gestos e movimentos para as crianças realizarem (sugestões são oferecidas no roteiro). • Músicas "Sentimentos", de Mari Freitas – interpretada por Caikecantor –, e "Cara de quê?", de Coração Palpita, disponíveis na internet. • Livro *Tenho monstros na barriga*, de Tonia Casarin (Editora Tonia Casarin, 2018). • Imagens que representem expressões de emoções e sentimentos, como raiva, medo, nojo, tristeza, alegria... • Imagens de gestos praticados em algumas tradições: islamismo, judaísmo, cristianismo, budismo e outras. • Revistas e imagens impressas de gestos e movimentos (religiosos e não religiosos) que expressam emoções e sentimentos. • Tesoura sem ponta e cola para duplas ou trios. • Papel kraft para um painel coletivo. • Pincel atômico.

OBSERVAÇÃO

Atividade mobilizadora 1

Proponha às crianças atividades de imitação que envolvam a imaginação. Para isso, oriente que imaginem e representem com gestos atividades como:

- Pegar uma cadeira para levá-la de um lugar a outro.
- Usar um lápis para escrever e/ou desenhar, com o movimento de pinçar.
- Erguer um copo até a boca para tomar água.
- Alcançar um objeto ao colega que está à sua frente ou atrás.
- Imitar algum familiar (pai, mãe, irmão, avó...) realizando atividades do cotidiano, como: arrumar a cama, varrer a casa, tirar o pó, limpar o carro, entre outras possibilidades.

Durante a realização das imitações, pode-se propor uma música animada.

Após a realização das atividades de imitação e imaginação, converse com as crianças sobre como cada pessoa apresenta seu próprio jeito de se movimentar. Destaque que cada uma imprime o seu estilo personalizado nas atividades, algo que podemos perceber ao observar a realização de uma mesma tarefa entre pessoas diferentes.

Oriente que escolham um colega para recordarem como ele representou as atividades indicadas, incentivando-os a perceberem quais são as diferenças nos movimentos desse colega em relação aos demais. Explore que, mesmo o comando sendo igual para todos, cada um o atendeu de um modo pessoal, e aí vemos as características que diferenciam as pessoas umas das outras.

Atividade mobilizadora 2

Peça para as crianças observarem e descreverem o corpo a partir do toque. Para isso, oriente-as a se sentarem no chão em duas fileiras, uma de frente para a outra, formando duplas. No meio de cada dupla, coloque um objeto (bola, pano ou boneco, por exemplo) e oriente as crianças da seguinte forma:

- Ao ouvirem o nome de uma parte do corpo, deverão colocar suas mãos na parte indicada. Ao ouvirem "orelhas", todos deverão levar as mãos até suas próprias orelhas. Porém, ao ouvirem o nome do objeto que estiver entre as duplas, deverão tentar pegá-lo antes do colega. Nesse caso, deve-se tentar ter mais agilidade que o colega para pegar o objeto.

Alterne dizendo os nomes de várias partes do corpo (cabeça, boca, nariz, joelhos...) e, vez ou outra, dizendo o nome do objeto entre as duplas. Prossiga com a brincadeira por várias rodadas, suficientes para as crianças lembrarem muitas partes do corpo.

Ao concluir a atividade, organize com as crianças uma lista de observações relacionadas aos movimentos realizados. Convide-as a identificarem, por exemplo, quais colegas foram mais ágeis ao pegarem os objetos ou a levarem as mãos até as partes do corpo indicadas. Conversem sobre as semelhanças e diferenças entre eles, ressaltando que cada pessoa se move de um jeito próprio.

Ajude as crianças a observarem que cada pessoa executa suas atividades de um modo particular. Explore a importância do respeito ao tempo de cada um na execução de movimentos, evidenciando que a mobilidade pode ser mais rápida ou mais lenta, sem que haja uma só forma de fazer as coisas. Mencione a importância de saber esperar e acolher as diferenças, destacando que é preciso ter paciência com aqueles que demoram um pouco mais para realizarem uma atividade, como também com aqueles que são mais rápidos.

Atividade mobilizadora 3

Proponha atividades envolvendo gestos e movimentos com o uso de músicas. A seguir, algumas sugestões:

- Andar ao som da música, movimentando-se lenta ou rapidamente, agachando-se, levantando as mãos e outras possibilidades. Para essa atividade, sugere-se utilizar a música: "Agora eu vou andar (Andar devagarinho)", de Xuxa.
- Andar sobre um fio de linha (barbante) com intervalos de caminhada e parada, usando como sinal/comando uma palma para caminhar e duas palmas para parar.
- Cantar usando gestos associados à letra da música. Para isso, sugere-se a música "Passeio no jardim", de Shauan Bencks.

Para desenvolver atividades que propiciam a relação entre a música e os movimentos, indicam-se alguns videoclipes para inspirar o professor.

VÍDEOS

DANÇA do corpo humano/corpo e movimento/musicalização. 1 vídeo (2:38 min.), 2021. Publicado pelo canal Professora Carol Bonfim.

MUSICALIZAÇÃO/XUXA – Vou andar de devagarinho. 1 vídeo (3:16 min.), 2020. Publicado pelo canal Professora Regina Torres.

PASSEANDO no jardim – corpo, gestos e movimentos. 1 vídeo (2:37 min.), 2020. Publicado pelo canal Tia Vivi.

A ONDA do mar. 1 vídeo (3:53 min.), 2019. Publicado pelo canal Formiga Balão.

IDENTIFICAÇÃO E ANÁLISE

As atividades com gestos e movimentos possibilitam explorar com as crianças as diferenças entre elas e os colegas da própria turma, os colegas da escola e as pessoas com as quais interagem nos diferentes ambientes de convivência. É interessante destacar a importância da sensibilidade e do respeito às diferenças culturais, sociais, religiosas. Assim, com base nas atividades realizadas anteriormente, pode-se lembrá-las que cada pessoa expressa gestos e movimentos de uma forma, visando à compreensão de que essas diferenças compõem as identidades e as diversidades, de modo a acentuar a necessidade de nunca ridicularizar ou julgar os movimentos uns dos outros. Ainda, as atividades realizadas são significativas para ajudar a valorizar as diferenças constatadas pelo grupo, contribuindo para a percepção das crianças sobre um senso estético que não corresponde a um único padrão.

Explore com as crianças que nas diversas culturas há gestos diferentes realizados pelas pessoas. Alguns deles estão relacionados ao ato de saudar e cumprimentar os outros, à expressão de sentimentos e, é claro, à pertença a uma determinada tradição religiosa.

Para que as crianças possam identificar gestos e movimentos relacionados a sentimentos, pode-se apresentar atividades que envolvam músicas cujas letras descrevam emoções, como raiva, alegria, tristeza e outras. Sugere-se realizar uma atividade ensinando as crianças a cantarem e coreografarem as músicas: *Sentimentos* e *Cara de quê?*

VÍDEOS

SENTIMENTOS. 1 vídeo (1:40 min.), 2022. Publicado pelo canal Pedagoga Mari Freitas.

CARA DE QUÊ? 1 vídeo (3:52 min.), 2017. Publicado pelo canal Coração Palpita.

Após aprenderem a cantar e coreografar a(s) música(s), explore com as crianças em quais situações os sentimentos mencionados são vividos por elas. Sugere-se questionar:

- Em quais situações sentem raiva, alegria, tristeza...?
- Como expressam seus sentimentos? Que gestos realizam?
- Quais gestos e expressões ajudam a reconhecer os sentimentos que estão sendo vividos por um amigo ou familiar?

Converse com as crianças sobre o impacto de palavras e dos gestos relacionados ao que sentimos, destacando como eles podem também despertar sentimentos nas pessoas. Comente as situações em que isso acontece no dia a dia – sugere-se, para isso, realizar uma roda de contação da história *Tenho monstros na barriga*[24], livro de Tonia Casarin (Editora Tonia Casarin, 2018). O livro apresenta a história de um menino, Marcelo, que diz acontecerem coisas em sua barriga, vindo a descobrir que são as suas emoções, as quais ele nomeia como monstrinhos.

DICA

Para essa contação de história, propõe-se o uso de fantoches produzidos com folhas de papel coloridas, usando como referencial os personagens apresentados no livro para as crianças identificarem as emoções mencionadas.

Após a contação da história, explore com as crianças diferentes situações que evocam emoções e sentimentos, variando entre situações individuais e situações que envolvem outras pessoas. Ajude as crianças a analisarem quais emoções e sentimentos mencionados estão relacionados a situações semelhantes às quais elas já viveram. Para facilitar essa conversa, apresente imagens que representem expressões de emoções e sentimentos, como raiva, medo, nojo, tristeza, alegria e outros coerentes com as características da turma.

24 CASARIN, T. *Tenho monstros na barriga*. San Francisco: Tonia Casarin, 2018.

Proponha situações que possibilitem às crianças representarem sentimentos e emoções por meio de mímicas, tais como:

- Seus pais disseram que levarão você para passear no... (complementar com lugares que as crianças conhecem e têm preferência em sua realidade).
- Oferecem a você um alimento de que não gosta. A sua reação é...
- Se alguém lhe dá um susto, você...
- De repente você fica sozinho no escuro...
- Um colega de quem você gosta muito vai mudar de cidade, você...
- Um colega pega seu brinquedo no recreio sem pedir, você...

Propicie que as crianças comentem sobre as situações em que expressam emoções e sentimentos por meio de palavras. Pergunte o que costumam dizer quando expressam alegria, raiva, tristeza, nojo ou medo. É importante explorar com elas alguns cuidados na expressão de emoções e sentimentos para evitar magoar as pessoas, como agir agressivamente ou gritar, fazer caretas enojadas ou dizer coisas desagradáveis a alguém que lhe oferece um alimento. Oriente-as para que procurem se acalmar diante de emoções intensas, de modo a se expressarem com mais clareza.

SUGESTÃO

Pode-se explorar ludicamente técnicas de respiração ou outras que ajudem nesse processo. Sugere-se apresentar e realizar a prática proposta no vídeo disponível no YouTube.

VÍDEO

RELAXAMENTO para crianças – Método Koeppen I. 1 vídeo (3:06 min.). 2020. Publicado pelo canal Smile and Learn.

Converse com as crianças sobre quais atitudes são necessárias para cultivarem e desenvolverem bons sentimentos, como ajudar ou confortar alguém. Ajude-as a reconhecerem como se sentem quando realizam ou são alvos dessas atitudes. Explore que algumas atitudes, por outro lado, podem despertar em si mesmo e/ou nos outros sentimentos desagradáveis, como a raiva. Converse sobre como essas atitudes podem provocar conflitos nas relações com os colegas ou familiares. Enfatize que as atitudes que geram bem-estar, promovendo a paz, são aquelas que fortalecem as relações e nos aproximam mais das pessoas, como ajudar, cuidar e animar.

APROPRIAÇÃO E RESSIGNIFICAÇÃO

Relembre às crianças alguns gestos realizados nas atividades anteriores. Comente que os gestos também fazem parte de diferentes culturas e alguns deles são expressões dos sentimentos das pessoas umas pelas outras. Para ilustrar, pode-se apresentar variadas formas de cumprimentar alguém em diferentes países e tradições religiosas, tais como:

- Na Índia e entre aqueles que pertencem à religião hinduísta, as pessoas se cumprimentam unindo as palmas das suas mãos e as aproximando do coração, enquanto curvam levemente o corpo para a frente e pronunciam a palavra "Namastê". Esse gesto é uma manifestação do sentimento de respeito às pessoas.
- O cumprimento usado entre as pessoas no Japão se chama Ojigi, sendo realizado ao se curvar diante das pessoas. Esse gesto expressa respeito e cuidado.
- No Oriente Médio, o gesto usado para cumprimentar as pessoas envolve, diante do outro, tocar o coração com a mão direita e, em seguida, a testa, realizando, por último, um meneio nos ares

para cima da cabeça. Enquanto se faz o gesto, a pessoa diz "Al Salamu Ealaikum", que significa "A paz esteja convosco". Quem recebe essa saudação responde "U ealaikum al salam", que significa "E a paz com você esteja".

DICA

Para ampliar os exemplos, realize uma pesquisa e selecione aqueles cumprimentos que melhor se adequam à realidade de cada turma.

Comente com as crianças que as pessoas usam gestos para se comunicarem com suas divindades, com Deus. Convide-as a compartilharem o seu conhecimento de gestos religiosos que já presenciaram em suas famílias, comunidade religiosa, em desenhos animados, filmes e outras fontes.

Explique que os gestos religiosos são diferentes de acordo com a religião à qual as pessoas pertencem. Mostre para as crianças imagens de gestos praticados em algumas tradições: islamismo, judaísmo, cristianismo, budismo e outras. Esses gestos podem estar associados a práticas religiosas como oração (ajoelhar-se, colocar-se de mãos postas...), meditação (sentar-se com as pernas cruzadas) ou ritos – batismo (ungir, mergulhar...), casamento (troca de alianças, beijo dos noivos...), cultos (mãos erguidas...) e outros disponíveis na realidade das crianças.

Mencione que as pessoas, em suas experiências religiosas, também expressam emoções e sentimentos. Isso acontece quando visitam templos religiosos, comparecem nas festividades religiosas, contemplam a imagem de uma divindade, participam de momentos especiais de suas tradições, entre outras experiências. Pode-se apresentar como exemplo o Natal, no cristianismo, quando as pessoas se emocionam diante do presépio, expressando alegria ou gratidão – e das representações da crucificação de Jesus, expressando tristeza, pesar e até raiva ao pensar que alguém machucou Jesus.

Destaque que todas as tradições religiosas ensinam sobre as atitudes que expressam o sentimento do amor, como a cooperação, a solidariedade e o respeito. Mencione que as religiões orientam a importância de praticar esse sentimento em relação às pessoas, à natureza, a Deus, às divindades.

Crie com as crianças uma história coletiva com o tema: *como expressamos nossos sentimentos*. Para essa produção, o professor é escriba. Após a criação da história, realize a sua leitura e explore como podem cultivar bons sentimentos no seu dia a dia.

ATIVIDADE AVALIATIVA

Para sintetizar a aprendizagem, proponha às crianças a confecção de um painel coletivo usando papel kraft. Para isso, proceda da seguinte forma:

- Oriente as crianças a formarem uma roda e explique que juntos irão construir um painel composto de gestos, movimentos e expressões faciais que retratem como os sentimentos são comunicados.
- Recorde os gestos e os movimentos apresentados com base nas atividades realizadas, destacando as diferenças e as semelhanças entre culturas e entre as pessoas. Destaque os gestos e os movimentos que expressavam emoções e sentimentos.
- Convide as crianças a sugerirem quais gestos e movimentos (religiosos e não religiosos) que expressam emoções e sentimentos devem compor o painel – lembre-os de que expressões faciais também comunicam emoções e sentimentos. Caso as crianças se agitem e falem todas ao mesmo tempo, considere um sinal positivo de interesse em participar. Para evitar descontentamentos, sugere-se uma votação cujas opções sejam as sugestões apresentadas. Após definir o conteúdo do painel, organize os trabalhos da seguinte forma:
    - Divida as crianças em duplas ou trios e entregue recursos como revistas e imagens impressas para que encontrem nelas

os gestos e movimentos definidos. Distribua tesoura sem ponta para que recortem as imagens encontradas. Ofereça um tempo para a execução desse processo.

- Oriente as crianças a voltarem para roda e, no centro, coloque o papel kraft, a cola e o pincel atômico. Solicite que, juntos, decidam como farão a colagem das imagens, organizando coletivamente o painel. Motive as crianças a olharem com atenção as imagens que os grupos selecionaram, observando quais são as semelhantes e podem ser deixadas de lado.
- Antes de proceder com a colagem, providencie um espaço entre as imagens para incluir a legenda correspondente a cada uma. Somente, então, ajude as crianças a colarem as imagens no painel.
- Defina com as crianças o título do painel e as legendas de cada imagem – destaque quais movimentos e gestos são religiosos –, e então os escreva.

Essa atividade possibilita promover a síntese das aprendizagens.

ROTEIRO 06

Campos de experiências	Corpo, gestos e movimentos O eu, o outro e o nós
Objetivo(s) de aprendizagem e desenvolvimento associados à cultura religiosa	**(EI03EO04)** Comunicar suas ideias e sentimentos a pessoas e grupos diversos. **(EI03EO03)** Ampliar as relações interpessoais, desenvolvendo atitudes de participação e cooperação. **(EI03EO06)** Manifestar interesse e respeito por diferentes culturas e modos de vida. **(EI03EO01)** Demonstrar empatia pelos outros, percebendo que as pessoas têm diferentes sentimentos, necessidades e maneiras de pensar e agir. **(EI03EO03)** Ampliar as relações interpessoais, desenvolvendo atitudes de participação e cooperação.
Previsão de horas/aulas	Seis horas/aulas.
Recursos	• Equipamento multimídia para transmitir vídeos. • Livro *Meninos de todas as cores*, de Luisa Ducla Soares (Nova Gaia, 2010). • Fotos de pessoas de diferentes etnias e cores de pele. • Massa de modelar para cada criança – suficiente para representar as diferentes cores de pele. • Livro *Tudo bem ser diferente*, de Todd Parr (Panda Books, 2002). • Folhas de acetato ou outro material transparente, marcador permanente e um espelho para cada criança. • Livro *Elmer, o elefante xadrez*, de David McKee (Editora WMF Martins Fontes, 2009). • Uma folha de papel A4, papéis picados coloridos, botões coloridos, sementes, lãs coloridas e outros materiais diversos para cada criança.

Recursos	• Música "Como é bom ser diferente", composição de Marcelo Serralva interpretada por Turminha do Tio Marcelo - disponível na internet. • *O livro da família*, de Todd Parr (Editora Panda Books, 2003). • Livro *A árvore das lembranças*, de Britta Teckentrupp (Editora Rovelle, 2014). • Imagens de pessoas de diferentes características físicas, culturais e religiosas. • Imprimir em folha A6 imagens que representem: budista meditando, católico rezando, islâmico no tapete de orações, judeu no shabat, hinduísta em frente a um altar com imagem da divindade (deus Ganesha), umbandista no terreiro, indígena em dança sagrada... Cada imagem deve ser duplicada para compor um jogo da memória. • Papel kraft e pincel atômico. • Papel A4 e materiais para cada criança desenhar ou imagens da internet para as crianças escolherem quais representam visualmente as regras elaboradas na atividade avaliativa.

OBSERVAÇÃO

Atividade mobilizadora 1

Reúna as crianças em uma roda e realize uma contação da história *Meninos de todas as cores*[25], de Luisa Ducla Soares.

Converse sobre Miguel, o personagem principal da história, e a sua experiência de viajar para diversos lugares. Explore o que ocorre na história, questionando:

- De que cor era o Miguel?

25 SOARES, L. D. *Meninos de todas as cores*. Portugal: Nova Gaia, 2010.

- Há meninos de outras cores. Quais são elas?
- Como Miguel se sentia com a sua cor?
- O que mudou para Miguel quando conheceu meninos de outras cores? O que esses meninos diziam a ele?

Após ouvir as respostas, apresente fotos de pessoas de diferentes etnias e cores de pele, associando-as às cores dos personagens vistos na história. Comente que as diferenças na cor da pele e nos traços fenotípicos podem identificar também diferenças culturais.

Oriente as crianças a observarem as cores de pele que existem em seu grupo. Deixe que identifiquem as cores de pele de seus colegas, depois questione:

- Em nossa turma, tem alguém com a cor de pele semelhante a algum dos personagens da história?
- Quem conhece pessoas que lembram os personagens da história?
- Entre os seus familiares, há alguém que se pareça com algum dos personagens da história?

Converse com as crianças sobre as diferenças entre as pessoas, ressaltando que elas não impedem a boa convivência. Distribua massa de modelar e solicite que moldem bonecos de diferentes cores. Depois criem juntos uma história, produzida oralmente, que pode ser apresentada pelos bonecos moldados. Para isso, algumas questões podem contribuir:

- Quem são os personagens?
- Quais suas semelhanças e diferenças entre eles?
- Onde eles estão?
- O que estão fazendo?
- O que podem fazer juntos?

Explore o quanto é importante conviver com pessoas de culturas diferentes e o que se pode aprender com elas. Oriente para que busquem respeitar as pessoas de diferentes etnias, principalmente aquelas com as quais convivem, como colegas e vizinhos.

Atividade mobilizadora 2

Explique que as características físicas entre as pessoas são diferentes e possibilitam identificá-las, ou seja, distingui-las umas das outras. Proponha às crianças a leitura da história *Tudo bem ser diferente*[26], de autoria de Todd Parr.

A partir da história, destaque que cada pessoa é especial justamente por seu jeito próprio de ser e agir – ainda que possam existir semelhanças entre as pessoas, ninguém é igual a ninguém. Mencione que essas diferenças entre as pessoas podem ser observadas na família, na escola e em todos os demais lugares que frequentamos, como shopping, igrejas e parques. Esclareça que chamamos essas diferenças de *diversidade*.

Medeie o diálogo entre as crianças para ajudá-las a reconhecer, em meio à diversidade, as identidades que compõem a turma. Sugere-se, depois, perguntar:

- O que em você é diferente dos seus colegas?
- O que você mais gosta no seu jeito de ser, agir, falar...?

Ao auxiliar as crianças que não conseguirem identificar suas características, mobilize a turma para ajudá-las.

IMPORTANTE

Se houver crianças com deficiências motoras, visuais, cognitivas, auditivas e outras, oriente para que suas características sejam acolhidas no parâmetro da diversidade.

26 PARR, T. *Tudo bem ser diferente*. São Paulo: Panda Books, 2002.

Proponha que as crianças produzam seu próprio autorretrato. Para isso, disponibilize folhas de acetato ou outro material transparente, marcador permanente e um espelho para cada criança. Providencie que o acetato seja posicionado diante de cada espelho, de modo que as crianças se sentem e, com o marcador permanente, desenhem a si mesmas. Com os autorretratos prontos, organize uma roda de conversa para que cada criança mostre a sua produção aos colegas.

DICA

Uma variação para essa atividade, caso os recursos sejam inviáveis, é orientar para que as crianças realizem o autorretrato em folha A4, sem o auxílio da folha de acetato. O espelho pode ser substituído por uma foto de referência, previamente trazida pelas crianças.

SUGESTÃO

Prepare antecipadamente o seu autorretrato, professor, para também apresentá-lo à turma.

IDENTIFICAÇÃO E ANÁLISE

Para explorar a importância de se respeitar as diferenças (identificadas em si mesmo e nos outros), promova um momento de contação da história *Elmer, o elefante xadrez*[27], de autoria de David McKee. Nessa narrativa, um elefante chamado Elmer questionava-se sobre a sua diferença em relação aos demais. Esse questionamento se devia ao fato de Elmer ser um elefante colorido, quando todos eram de cor cinza.

IMPORTANTE

Antes de narrar a história, explique aos alunos o significado de xadrez nesse caso – um padrão de cores simetricamente organizadas.

27 MCKEE, D. *Elmer, o elefante xadrez*. São Paulo: WMF Martins Fontes, 2009.

Após a contação da história, pergunte:

- O que fez Elmer para ser igual aos demais? Por quê?
- O que Elmer tem de especial que o diferencia dos demais, além de ser xadrez?

Disponibilize para as crianças uma folha de papel A4, papéis picados coloridos, botões coloridos, sementes, lãs coloridas e outros materiais diversos. Solicite que cada criança desenhe um elefante e nele cole os materiais disponibilizados, conforme sua criatividade e vontade, para representar o elefante Elmer.

Após finalizarem, providencie uma exposição e oriente as crianças a observarem todos os desenhos. Destaque as semelhanças e diferenças na maneira de representar o personagem Elmer. Faça comentários como:

- Às vezes, as pessoas buscam, como Elmer, ser iguais aos outros, deixando de valorizar o que é seu, aquilo que as diferencia dos demais.
- É importante cada um saber aceitar suas características, reconhecendo que todas as pessoas são diferentes.
- As diferenças e peculiaridades de cada pessoa ou criatura as tornam única e especial.

Converse com as crianças sobre a importância de reconhecer as suas próprias características e habilidades para aprender a valorizá-las.

Apresente a música "Como é bom ser diferente", composição de Marcelo Serralva interpretada por Turminha do Tio Marcelo.

VÍDEO

COMO É bom ser diferente. 1 vídeo (3:29 min.), 2012. Publicado pelo canal jujubanautas.

APROPRIAÇÃO E RESSIGNIFICAÇÃO

Solicite, antecipadamente, às crianças que tragam fotos de suas famílias.

Comente o que são espaços e ambientes de convivência, esclarecendo que o primeiro deles é junto à família e que, à medida que cada um for crescendo, esses espaços vão se ampliando, pois passamos a frequentar a escola, o shopping, as lojas, as igrejas e outros.

Dito isso, afirme que esses são espaços e ambientes de convivência porque neles entramos e interagimos com as pessoas. Mencione que nesses espaços há, portanto, um encontro entre as diferenças, de modo que se pode observar neles a diversidade de pessoas com seus jeitos de se vestir, de agir, de se expressar... Destaque que essa convivência exige que cada um respeite o espaço do outro, para que todos possam estar bem e em harmonia.

Converse com as crianças sobre os grupos de pessoas com as quais elas mais gostam de estar e conviver.

Convide-as a pensarem nas suas famílias como um grupo de convivência. Para ilustrar, apresente a música "Família", de Rita Rameh e Luiz Waack, e explore as diferenças que compõem a diversidade de famílias que existem.

VÍDEO

FAMÍLIA. 1 vídeo (1:59 min.), 2021. Música de Rita Rameh e Luiz Waack, publicada no canal de Vanessa Simão.

Converse sobre a letra da música e solicite que as crianças identifiquem se alguma das famílias mencionadas é semelhante à delas. Oportunize que cada criança apresente a foto de sua família identificando as pessoas e as características que mais se destacam nelas. Peça que comentem, também, o que mais gostam de fazer com essas pessoas.

Para explorar a diversidade de costumes de famílias, sugere-se realizar uma roda de leitura da obra *O livro da família*[28], de Todd Parr. Essa obra apresenta as diferenças das famílias, explorando aspectos como adoção, perdas de entes queridos, costumes e hábitos alimentares, celebrações de dias especiais, diferenças étnicas e culturais, entre outros.

Após a leitura do livro, converse com as crianças sobre os costumes alimentares de suas famílias e sobre possíveis perdas de familiares (de avós, bisavós, tios...) que amavam. Aborde, também, as celebrações especiais vividas em família: aniversários, casamentos, batizados, formaturas e outras. Ao tratar de aspectos associados à tradição religiosa, como casamentos e batizados, solicite que as crianças que já participaram comentem o que mais lhes chamou atenção e pergunte a todas elas o que conhecem dessas celebrações. Explique que essas celebrações estão associadas àquilo que as pessoas acreditam, à sua religião.

Com relação às experiências de perdas nas famílias, seja de uma pessoa, seja de um animalzinho, sugere-se abordar o luto realizando a contação da história *A árvore das lembranças*, de Britta Teckentrup[29].

SUGESTÃO

Para marcar a experiência das crianças relacionada à história e a suas vivências pessoais, sugere-se realizar a plantação de sementes de flores, em uma floreira coletiva, para serem cultivadas na sala de aula ou em algum espaço da escola. Se considerar viável, proponha como atividade a escrita de uma palavra em uma tarja de papel que expresse um sentimento relacionado à pessoa ou ao animalzinho que perderam. Essa tarja pode ser colada em um palito de churrasco a ser fixado na floreira onde as sementes foram plantadas.

---

28 PARR, T. *O livro da família*. São Paulo: Panda Books, 2003.

29 TECKENTRUP, B. *A árvore das lembranças*. Rio de Janeiro: Rovelle, 2014.

Após contar a história, proponha às crianças as questões a seguir, reservando tempo para que possam se expressar.

- Quais são as lembranças boas que vocês têm das pessoas ou dos animais que perderam?
- O que vocês fazem quando sentem saudade? Como podemos expressar a saudade?

Atividade de aprofundamento

Retome com as crianças as ideias apresentadas no início deste roteiro e, depois, apresente imagens de pessoas de diferentes características físicas, culturais e religiosas – alemãs, japonesas, africanas, indígenas, islâmicas, judaicas, budistas, cristãs, entre outras presentes na realidade das crianças.

Disponha as imagens no chão ou em um varal, para que possam ser observadas pelas crianças. Oriente-as a olharem bem todas as imagens e motive-as a realizarem comentários sobre as diferenças observadas.

Resgate o que viram anteriormente sobre as diferenças constituírem a diversidade, destacando que as imagens representam alguns dos aspectos que diferenciam as pessoas, como a linguagem, as músicas, as tradições, a religião, os costumes, as vestimentas, entre outros.

Na sequência, explore a questão da linguagem, dos idiomas utilizados por diferentes povos e culturas. Para isso, pode-se apresentar o vídeo "Saudações ao redor do mundo", de JunyTony – Canções Infantis.

VÍDEO

SAUDAÇÕES ao redor do mundo | É legal dizer olá! | Culturas do mundo. 1 vídeo (1:55 min.), 2022. Publicado pelo canal JunyTony – Canções infantis.

Destaque que, no mundo, há muitas diferenças entre as pessoas – seu jeito de falar, de se vestir, seus costumes, a escolha de sua religião, as músicas produzidas, entre outras questões. Explore que as diferenças religiosas, por exemplo, podem ser vistas entre as famílias ao observar seus costumes religiosos. Para desenvolver a compreensão sobre os costumes religiosos, oriente para a atividade a seguir:

- Imprima em folha A6 imagens que representem: budista meditando, católico rezando, islâmico no tapete de orações, judeu no shabat, hinduísta em frente a um altar com imagem da divindade (deus Ganesha), umbandista no terreiro, indígena em dança sagrada... Essas imagens devem ser duplicadas, de modo a possibilitar a realização de um jogo da memória.
- Coloque as imagens em uma caixa ou cesto.
- Disponha as crianças em roda e oriente que passem a caixa uma à outra, para que cada uma, sucessivamente, retire dela uma imagem e a mostre para a turma. Explique cada uma das imagens explorando o que representa e, depois, a coloque no centro da roda.
- Após concluir as explicações, convide a turma para realizar a brincadeira do jogo da memória, solicitando que – à medida que os pares de imagens se formarem – identifiquem a que tradição pertence o costume religioso.

Mencione que as diferenças não impedem as pessoas de compartilharem suas experiências, pois com respeito a convivência sempre é possível.

ATIVIDADE AVALIATIVA

Resgate com as crianças os principais aspectos explorados no decorrer do roteiro, destacando as diferenças, fazendo memória do que aprenderam com o estudo. Enfatize a convivência respeitosa solicitando que as crianças nomeiem atitudes de respeito que devem ser praticadas diante das diferenças, por serem importantes para todos viverem bem.

Organize com a turma um mural coletivo com cinco regras que todos consideram importantes para uma convivência respeitosa com as pessoas e suas diferenças individuais, culturais e religiosas. Em papel kraft, com pincel atômico, registre as regras definidas coletivamente e motive as crianças a darem um título para o mural.

Oriente as crianças a ilustrarem as regras. Para isso, pode-se optar por solicitar às crianças que produzam desenhos para representar uma ou mais regras, de modo que esses desenhos sejam colados no mural. Outra opção é selecionar imagens na internet, recortar e disponibilizar para que as crianças escolham quais representam visualmente cada uma das regras. Depois, basta proceder com a colagem e deixar o mural em local visível a todos.

Como encerramento, sugere-se convidar as crianças a aprenderem e cantar a música "Normal é ser diferente", de Jair Rodrigues Melo Oliveira, e motivá-las a identificar quais das regras podem ter sido representadas na canção.

VÍDEO

RESPEITE as diferenças – Música. 1 vídeo (2:59 min.), 2021. Editado e publicado pelo canal Drika Lacerda Professora.

ROTEIRO 07

Campos de experiências	Traços, sons, cores e formas O eu, o outro e o nós
Objetivo(s) de aprendizagem e desenvolvimento associado(s) à cultura religiosa	**(EI03TS01)** Utilizar sons produzidos por materiais, objetos e instrumentos musicais durante brincadeiras de faz de conta, encenações, criações musicais, festas. **(EI03EO04)** Comunicar suas ideias e sentimentos a pessoas e grupos diversos. **(EI03EO05)** Demonstrar valorização das características de seu corpo e respeitar as características dos outros (crianças e adultos) com os quais convive.
Previsão de horas/aulas	Três horas/aulas.
Recursos	• Equipamento audiovisual para reproduzir músicas disponíveis na internet. • Músicas: "Happy relaxing music for children" (Música relaxante para crianças); "Aquarela" (Toquinho); "Tum, tum, tum de Deus" (Tony Alisson). • Texto de apoio ao professor: "6 maneiras criativas de ensinar práticas de respiração aos alunos da Educação Infantil", de Porvir (2022) – *QR Code* disponível no roteiro. • Blocos lógicos ou de montar para distribuir a trios de crianças. • Folha de papel A4 e giz de cera de várias cores para cada trio. • Livro *O homem que amava caixas*, de Stephen Michael King (Editora Brinque-Book, 1997). • Caixas vazias de diversos tamanhos – se possível, solicitar às famílias das crianças antecipadamente. • Fita crepe e tinta guache para as crianças.

OBSERVAÇÃO

Organize a turma em um espaço amplo, sem a presença de mesas e cadeiras. Explique que ouvirão uma música e deverão estar atentas aos seus comandos, pois a brincadeira será como um "siga o mestre" guiado pela letra. Para isso, oriente as crianças a:

- Iniciarem a brincadeira sentadas.
- Respirarem fundo com os olhos fechados enquanto, em silêncio, ouvem a música "Happy relaxing music for children".
- Imaginarem um lugar onde já ouviram esses sons.
- Imaginarem que estão nesse lugar.
- Imaginarem o que estão fazendo e com quem estão.
- Identificarem quais sentimentos esse lugar e seus sons lhes trazem.

VÍDEO

HAPPY RELAXING music for children [Música relaxante para crianças]. 1 vídeo (3 min.), 2018. Publicado pelo canal Meditação e relaxamento.

Depois, ainda com a música tocando, peça que se levantem e fiquem em pé em uma roda. Proponha brincadeiras de som com o corpo, buscando manter o ritmo da música, por meio da imitação:

- Estalar os dedos.
- Bater os pés.
- Bater palmas.
- Balançar o corpo de um lado para o outro.
- Dar as mãos e fazer uma dança de roda, sem perder o ritmo (pode-se propor uma roda com passos simples de dança circular também).
- Soltar as mãos e se sentar novamente no chão, calmamente.

- Depois de sentadas, convidar as crianças a se deitarem de barriga para cima, concluindo a vivência com um exercício de respiração consciente.

SUGESTÃO

Para realizar essa atividade, sugere-se ao professor a leitura do texto:

"6 maneiras criativas de ensinar práticas de respiração aos alunos da Educação Infantil", de Porvir (2022), uma adaptação do texto publicado originalmente por Kailyn Fullerton em Edutopia (2021).

Promova a relação entre os colegas visando ao diálogo e à convivência entre as crianças. Para isso, sugere-se fazer as perguntas:

- O que sentiram em cada etapa da atividade?
- O que foi mais interessante?
- O que foi mais difícil?
- De mãos dadas é mais fácil ou mais difícil manter o ritmo?
- O que podemos aprender com a atividade que realizamos?

IDENTIFICAÇÃO E ANÁLISE

Realize com as crianças uma reflexão a respeito da coletividade que muitas vezes nos ajuda a conseguir algo (como o ritmo da música), mas algumas vezes também pode nos trazer a impressão de que nos atrapalha, porque precisamos esperar e nos ajustar aos outros, o que exige paciência e compreensão. Comente que todos podemos ajudar e precisar de ajuda às vezes e peça exemplos de momentos assim vividos em sala de aula.

Distribua as crianças em trios e ofereça para cada um deles materiais como blocos lógicos ou de montar. Coloque a música "Aquarela" (Toquinho) e peça que os trios ouçam a letra. Oriente que, inspirando-se na música, cada criança explore individualmente esses materiais e planeje algo que possa montar com eles. Reserve tempo para que analisem livremente os recursos disponibilizados. Depois, distribua folhas de papel A4 e giz de cera. Solicite que cada criança desenhe o que imaginou montar com os materiais.

> **DICA**
>
> Se não for possível usar materiais como esses, utilize caixinhas vazias de vários tamanhos, rolinhos de papel e tampas diversas.

Após o desenho ter sido concluído, oriente cada trio a tentar montar algo coletivamente com as peças. Lembre-os de se manterem inspirados pela música (deixe-a tocando).

Ao finalizarem a montagem coletiva, reúna todos os trios em uma roda de conversa para que compartilhem o processo. Solicite que as crianças narrem o que imaginaram montar individualmente (registrado em seus desenhos) e como foi tentar montar algo coletivamente, com seus colegas de trio. Faça perguntas como:

- Como foi a experiência de montar algo juntos?
- Todos imaginaram a mesma coisa?
- Como decidiram o que representar?
- O que foi legal nessa atividade?
- O que não foi tão legal?
- Seu colega fez você pensar em algo que, sozinho, não havia imaginado com a música?

Converse com as crianças sobre a forma diferente com que cada pessoa pode entender as coisas e imaginá-las. Destaque a importância de respeitarem e valorizarem a maneira de cada colega pensar e imaginar, sua criatividade e opiniões.

Observe se nas produções apareceu algum elemento religioso. Se apareceu, converse sobre ele. Caso não tenha aparecido, desperte as possibilidades de ampliação dos trabalhos instigando as crianças a pensarem o que mais poderiam ter inserido, mobilizando-as a imaginar possibilidades associadas a diversos temas de interesse delas que não tenham sido contemplados, incluindo símbolos religiosos, vestimentas, templos e outros.

Ao abordar elementos religiosos que poderiam ter sido representados na atividade, indique versos da música "Aquarela" (Toquinho) que retratam o contato com a diversidade, com o diferente. Pode-se destacar, por exemplo, os versos que mencionam a viagem para Havaí, Pequim ou Istambul, comentando que quando viajamos encontramos outros costumes, inclusive aqueles que expressam crenças religiosas. A depender da maturidade da turma, é possível enriquecer a proposta com informações culturais desses lugares citados na música, destacando algum conhecimento que envolva religião.

APROPRIAÇÃO E RESSIGNIFICAÇÃO

Em uma roda de conversa, mobilize as crianças a dialogarem sobre quais são as semelhanças e as diferenças entre os colegas, isto é, o que caracteriza cada um.

Conte a história *O homem que amava caixas*[30], de Stephen Michael King, e explore os seguintes aspectos:

- Será que nós também temos maneiras diferentes de expressar o amor?
- Reserve tempo para que as crianças se expressem e ofereça exemplos sobre as várias formas de manifestar esse sentimento.

30 KING, S. M. *O homem que amava caixas*. São Paulo: Brinque-Book, 1997.

- Comente que também é assim com a fé. As pessoas têm maneiras diferentes de orar, de perceber a natureza e a divindade. Essas diferenças acontecem porque as pessoas podem perceber as coisas de um modo diferente, inclusive quando são seguidoras de uma mesma religião. Depois questione:
  - Alguém aqui pode nos contar sobre sua religião? Como você imagina Deus? Como você ora?

Deixe as crianças se expressarem e permita que mostrem ou ensinem suas orações. Pode-se solicitar, também, que cada criança comente se há algum canto que aprenderam com seus familiares com menções a algo sobre o amor a Deus, a uma divindade. Reserve tempo para ouvir as canções que as crianças sabem. Conclua explicando que as religiões também procuram nos ensinar sobre o amor, cada uma à sua maneira, e destaque que uma forma de viver o amor segundo várias delas é por meio do respeito às pessoas e a toda a natureza.

Explique que há muitas músicas que falam sobre o amor a Deus e sobre como ele, enquanto divindade, age na vida das pessoas, ajudando-as a enfrentarem seus medos, a terem coragem. Convide-as a ouvirem a música "Tum, tum, tum de Deus", de Tony Alisson, e descobrirem o que nela se diz sobre o amor de Deus e sobre como ele ajuda as pessoas. Em seguida, proponha que cantem e dancem a música.

VÍDEO

TUM, TUM, TUM de Deus. 1 vídeo (3:06 min.), 2011. Publicado pelo canal Rodrigo Speed.

Comente que, para expressarem o amor, as pessoas mantêm o costume de dar presentes umas às outras. Retome a ideia da história *O homem que amava caixas*, de Stephen Michael King, e disponibilize caixas vazias de vários tamanhos – de remédios,

DICA

Procure solicitar às famílias das crianças as caixas vazias de tamanhos diversos antecipadamente.

de gelatina, de fósforos, de embalagens diversas... –, fita crepe e tinta guache. Oriente às crianças a criarem um presente com esses materiais para alguém que amam, como forma de expressar seus sentimentos.

SUGESTÃO

Se possível, disponibilize sucatas e outros recursos artísticos para a criação do presente.

ATIVIDADE AVALIATIVA

Motive as crianças a relembrarem tudo o que fizeram no estudo proposto por este roteiro e peça que cada uma manifeste suas ideias sobre o que aprendeu. Escreva as frases compartilhadas e, ao final, leia-as para e/ou com as crianças, solicitando que analisem se ainda há algo a ser complementado.

ROTEIRO 08

Campos de experiências	Traços, sons cores e formas O eu, o outro e o nós
Objetivo(s) de aprendizagem e desenvolvimento associado(s) à cultura religiosa	**(EI03TS01)** Utilizar sons produzidos por materiais, objetos e instrumentos musicais durante as brincadeiras de faz de conta, encenações, criações musicais e festas. **(EI03TS02)** Expressar-se livremente por meio de desenhos, pintura, colagem, dobradura e escultura criando produções, biodimensionais e tridimensionais. **(EI03EO06)** Manifestar interesse e respeito por diferentes culturas e modos de vida.
Previsão de horas/ aulas	Sete horas/aulas.
Recursos	• Equipamento audiovisual para projeção de vídeos. • Apresentar um arco-íris em papel kraft, cartaz impresso ou por meio de projeção em equipamento audiovisual. • Uma fita colorida para cada criança, de acordo com as cores que compõem o arco-íris: vermelho, laranja, amarelo, verde, azul-claro, anil (ou azul-turquesa) e violeta. • Música "Arco-íris", de Xuxa – sugestão de vídeo no roteiro. • Vídeo "Arca de Noé", de Santinhoz – disponível na internet. • Folha de papel A4 e recursos para desenho (lápis de cor, canetinhas, giz de cera...). • Canudos – um para cada criança. • Vasilha com água misturada a sabão em pó.

Recursos	• Papel toalha e dois copos com água para cada criança. • Canetas hidrográficas das cores do arco-íris. • Papel kraft. • Cola (normal e quente) e fita crepe para fixar diferentes objetos em papel kraft. • Disponibilize ou solicite às crianças que tragam materiais diversos nas cores do arco-íris, como tampinhas, caixinhas, lãs, retalhos, embalagens, botões...

OBSERVAÇÃO

Apresente o arco-íris com todas as sete cores. Para isso, pode-se utilizar papel kraft, cartaz impresso ou a projeção de um arco-íris. Pergunte sobre o que as crianças sabem a respeito do arco-íris e deixe que compartilhem seus conhecimentos. Peça que destaquem o que mais lhes chama atenção no arco-íris e pergunte se já viram ou se conhecem histórias sobre quando ele aparece. A seguir, explique o fenômeno do aparecimento de um arco-íris e sua relação com a chuva.

SUGESTÃO

Para explorar ludicamente por que um arco-íris surge, sugere-se usar o livro *As gotinhas e o arco-íris*, de Eunice Braido (Editora FTD, 1998).

Após a explicação, distribua para as crianças fitas coloridas, uma para cada criança, de acordo com as cores que compõem o arco-íris: vermelho, laranja, amarelo, verde, azul-claro, anil (ou azul-turquesa) e violeta. Explique às crianças o significado dessas cores:

- **Vermelho**: energia e amor.
- **Laranja**: força, saúde e comunicação.
- **Amarelo**: otimismo e alegria.
- **Verde**: esperança e equilíbrio.

- **Azul**: tranquilidade, harmonia e serenidade.
- **Anil** (ou azul-turquesa): respeito e sinceridade.
- **Violeta** (ou roxo): espiritualidade, magia e mistério.

Comente que cada cor pode representar uma virtude, algo muito bom que existe no coração humano. Peça que cada criança, uma por vez, traga sua fita ao centro da roda e a posicione formando um arco – as fitas de uma mesma cor podem ser amarradas umas às outras, formando um mesmo arco. Enquanto cada criança faz isso, oriente-a a nomear um sentimento bom que essa cor a faz lembrar – incentive a turma a resgatar alguma lembrança, alguma memória, com a cor em questão. É importante permitir, e até motivar, as crianças a falarem sobre a sua lembrança com a cor que trazem à roda: essa cor lembra a roupa de alguém especial? Algum animal de estimação que lhe é ou foi importante? Um personagem com o qual se identifica muito?

Depois que todos colocarem suas fitas e o arco-íris estiver montado no centro da roda, cante com as crianças a música "Arco-íris", de Xuxa. Sugere-se apresentar o vídeo produzido pelo grupo Tac Tacs ao som dessa canção.

VÍDEO

ARCO-ÍRIS. Interpretação de Xuxa. Videoclipe de Tac Tacs. 1 vídeo (5:01 min.), 2022. Publicado pelo canal Tac Tacs.

IDENTIFICAÇÃO E ANÁLISE

Comente que em muitos povos e religiões o arco-íris é um símbolo importante. Cite que para os gregos, que viveram há muito tempo, o arco-íris era o sinal de que a deusa Íris havia passado pela Terra e logo eles saberiam de alguma novidade. Para os budistas, o arco-íris é o sinal da iluminação da pessoa, ou seja, o símbolo de alguém que já aprendeu a ser melhor, cheio de luz e sentimentos bons no coração. Para alguns povos árabes, o arco-íris representava a proteção dos deuses nas guerras. Nas religiões afro-brasileiras (de matriz, africana, como a umbanda), por sua vez, o arco-íris representa Oxumaré, um Orixá (divindade) que une o céu e a terra. E para os cristãos, o arco-íris representa a Aliança de Deus com a humanidade.

Sobre essa Aliança entre Deus e a humanidade para os cristãos, pode-se apresentar às crianças a história de Noé (Gn 9) por meio do vídeo "Arca de Noé", de Santinhoz.

VÍDEO

ARCA de Noé. 1 vídeo (3:01 min.), 2021. Publicado pelo canal Santinhoz.

Após a apresentação do vídeo, pode-se fazer perguntas às crianças sobre a história, tais como:

- Quem aparece na história?
- O que acontece?
- Quem Noé levou consigo na arca?
- O que aconteceu quando a chuva passou?

É importante concluir essa conversa destacando o amor que faz com que Deus e o ser humano tenham uma Aliança, um compromisso.

SUGESTÃO

Pode-se ensinar e cantar com as crianças a música "Erguei as mãos", de Pe. Marcelo Rossi, na versão de Arte Piedosa com os personagens Anna e Tito.

VÍDEO

ERGUEI as mãos. 1 vídeo (3:02 min.), 2021. Publicado pelo canal Arte Piedosa – Estúdio de animação.

Explique que, no cristianismo, o amor que Deus dedica ao ser humano faz com que ele firme um compromisso. Mas o ser humano, representado em Noé, também se comprometeu com Deus a cuidar da natureza para além da humanidade, protegendo os animais e valorizando toda a vida que habita a Terra.

Pode-se continuar a conversa perguntando às crianças sobre os animais que gostam e/ou que têm em sua família. Medeie para que todos possam contar sobre seus bichos de estimação, citando os nomes deles e os cuidados de que necessitam.

> **IMPORTANTE**
>
> Neste momento, valorize o cuidado como virtude, apontando que cuidar da natureza é uma expressão de amor e responsabilidade.

Depois que as crianças participarem, distribua uma folha de papel A4 e recursos para desenho. Oriente-as a fazerem um desenho do seu animal de estimação ou, se não tiverem, de seu animal preferido na natureza.

APROPRIAÇÃO E RESSIGNIFICAÇÃO

A partir da compreensão da beleza do cuidado e do quanto ele ajuda a cultivar nos nossos corações bons sentimentos, relembre com as crianças o símbolo do arco-íris, fazendo perguntas que as ajudem a recordar da história e das cores.

> **SUGESTÃO**
>
> Pode-se utilizar o texto "Poesia: Arco-íris!", de Eduardo Ribeiro Ramiro (disponível na internet), para reforçar o conceito e o fato de esse ser um fenômeno muito bonito da natureza.

Promova com as crianças experiências com o arco-íris. Para isso, distribua canudos e ofereça uma vasilha com água misturada a sabão em pó. Oriente as crianças a mergulharem os canudos nessa mistura e soprarem para formar

> **SUGESTÃO**
>
> Outra atividade possível é colocar uma lanterna sob um copo de vidro com água em uma sala escura, buscando representar a beleza da natureza e o encanto das cores.

bolhas de sabão. Providencie que a brincadeira com bolhas de sabão seja realizada ao sol, para que as crianças possam observar as cores que se formam na superfície das bolhas.

Após essas atividades, oriente as crianças a formarem uma roda em torno de uma mesa. Providencie papel toalha e dois copos com água para cada criança. Disponha canetas hidrográficas das cores do arco-íris, se possível, para cada criança – ou alterne o uso delas entre as crianças. Oriente-as a dobrarem ao meio uma folha de papel toalha e pintarem as duas bordas com as cores do arco-íris em sequência. É importante que as cores das duas bordas estejam simétricas. O próximo passo é colocar o papel toalha nos copos com água. O papel toalha vai absorver a água e a "mágica" vai acontecer! O arco-íris se formará com o encontro das cores na parte branca do papel.

Para ajudar a compreender a atividade, sugere-se ao professor assistir ao vídeo "Experiência – Arco-íris mágico", realizado pela professora Ana Miriã.

VÍDEO

EXPERIÊNCIA – Arco-íris mágico. 1 vídeo (2:16 min.), 2022. Publicado pelo canal da Professora Ana Miriã

Após a realização do experimento, é importante perguntar às crianças como explicam o que aconteceu. Depois que elas compartilharem suas impressões, ajude-as a pensarem que os bons sentimentos que temos no coração, assim como as cores que se uniram no centro do papel, aproximam-nos uns dos outros e deixam o mundo mais bonito, mais colorido.

Associe o fenômeno à beleza que a natureza apresenta quando vemos um arco-íris e relembre às crianças o valor religioso que esse processo pode adquirir conforme as diversas religiões o utilizam para expressar ensinamentos e marcos de seus ensinamentos.

ATIVIDADE AVALIATIVA

Em um papel kraft, proponha às crianças a criação de um mosaico 3D. Para isso, disponibilize ou solicite a elas que tragam materiais diversos nas cores do arco-íris, como tampinhas, caixinhas, lãs, retalhos, embalagens, botões... Juntas, as crianças montarão um arco-íris com esses diversos objetos, colando-os nas faixas das cores correspondentes (utilize cola normal, cola quente e fita crepe para a fixação dos materiais). Após a confecção desse trabalho, oriente-as a escolherem uma palavra que represente um bom sentimento para cada uma das cores do arco-íris. Nesse processo, atue como o escriba da turma para registrar as palavras escolhidas no cartaz.

Realize um momento para as crianças observarem o trabalho realizado proponha uma reflexão final associando as palavras com valores e ensinamentos das diferentes culturas religiosas.

ROTEIRO 09

Campos de experiências	Escuta, fala, pensamento e imaginação O eu, o outro e o nós
Objetivo(s) de aprendizagem e desenvolvimento associado(s) à cultura religiosa	**(EI03EF01)** Expressar ideias, desejos e sentimentos sobre suas vivências, por meio da linguagem oral e escrita (escrita espontânea), de fotos, desenhos e outras formas de expressão. **(EI03EF02)** Inventar brincadeiras cantadas, poemas e canções, criando rimas, aliterações e ritmos. **(EI03EF04)** Recontar histórias ouvidas e planejar coletivamente roteiros de vídeos e de encenações, definindo os contextos, os personagens, a estrutura da história. **(EI03EF06)** Produzir suas próprias histórias orais e escritas (escrita espontânea), em situações com função social significativa. **(EI03EO03)** Ampliar as relações interpessoais, desenvolvendo atitudes de participação e cooperação. **(EI03EO04)** Comunicar suas ideias e sentimentos a pessoas e grupos diversos.
Previsão de horas/aulas	Três horas/aulas.
Recursos	• Equipamento de projeção audiovisual. • Duas imagens que retratem atividades que as pessoas podem realizar juntas e expressam amizade, partilha e colaboração – exemplos disponíveis no roteiro. • Lousa ou outro recurso para anotações visíveis. • Música "Ninguém é igual a ninguém", de Escola Stagium e Milton Karam – disponível na internet. • Caixa com tarjas de papel dobradas – em cada tarja, escrever o nome de uma criança da turma. A caixa será utilizada para realizar uma atividade de amigo secreto.

Recursos	• Folha A4 e lápis coloridos para cada criança. • Música "A amizade", de Mundo Bita – disponível na internet. • Vídeo apresentando o livro *Ubuntu*, lenda africana adaptada por Silvia Moral em formato de conto e ilustrado por Cecília Moreno – disponível na internet. • Recursos gráficos para apresentar a África às crianças, como fotos e ilustrações de animais, aldeias, praias e pessoas. • Livro *Juntos somos mais fortes: um livro sobre a vida em grupo*, de Eileen Spinelli (Editora Girassol, 2022). • Cartolina, canetinhas, lápis de cor e outros recursos possíveis para as duplas ou grupos que se formarem na atividade avaliativa.

OBSERVAÇÃO

Atividade mobilizadora

Selecione duas imagens que retratem atividades que as pessoas podem realizar juntas e expressam: amizade (crianças brincando no parque, por exemplo), partilha (crianças desenhando e compartilhando pincéis, tintas e/ou lápis de cor) e colaboração (crianças ajudando a reunir o lixo e/ou a guardar as compras, entre outras possibilidades próprias da realidade).

Transforme ambas as imagens em quebra-cabeças para serem montados pelas crianças em dois grupos – cada grupo montará um quebra-cabeça. Para isso, proceda da seguinte forma:

- Duplique cada uma das imagens, pois uma versão servirá de modelo para as crianças e a outra será transformada em peças de quebra-cabeças.
- Para confeccionar os quebra-cabeças, pode-se utilizar a ferramenta Canva ou outra disponível. Se preferir, cole as imagens

em uma cartolina ou papelão para, no verso, fazer os traços de marcação do formato das peças. Depois basta recortar as peças no formato demarcado.

Organize a turma em dois grupos. Disponibilize a cada grupo o modelo da cena e as peças de um dos quebra-cabeças, orientando para que realizem a sua montagem. Uma sugestão é dividir as peças entre as crianças de maneira desigual (algumas com mais e outras com menos), para favorecer o exercício de cada uma entregar as peças que recebeu ao seu grupo, procedendo com a montagem de modo colaborativo. A intenção é que a atividade seja executada fortalecendo-se atitudes de partilha e colaboração.

IMPORTANTE

Observe o comportamento das crianças para abordar, após a atividade, que não importa a quantidade que cada um dispõe, e sim o fato de que todos são fundamentais no processo colaborativo – não é possível completar o quebra-cabeça se faltar uma peça.

Após os grupos realizarem a montagem, motive as crianças a olharem atentamente a imagem construída. Na sequência, oriente que os grupos troquem de lugar para observar a outra imagem. Reserve um tempo para isso.

Motive as crianças a comentarem o que observaram nas imagens, questionando:

- O que vimos na imagem do grupo 1? E do grupo 2?
- O que as pessoas estão fazendo?
- O que há em comum entre as imagens? E o que há de diferente?
- Vocês diriam que as pessoas estão alegres ou tristes? Por quê?
- Quais palavras podemos usar para explicar a imagem do grupo 1? E do grupo 2?

À medida que as crianças se expressarem, anote as palavras-chave de suas opiniões na lousa ou em outro recurso visível. Depois, explore a importância da convivência, da amizade, da partilha e da colaboração entre as pessoas. Mencione que, para a montagem do quebra-cabeças, cada um tinha uma ou mais peças e precisou dividi-las, oferecendo a sua parte para compor o todo.

Converse sobre os momentos em que as pessoas encontram dificuldades para partilhar e colaborar umas com as outras. Ajude as crianças a destacarem situações em que elas também podem enfrentar dificuldades nesse processo, como quando precisam dividir um brinquedo ou lanche com alguém. Auxilie-as, também, a ressaltarem situações em que partilham e colaboram com irmãos e colegas de escola com mais facilidade. Explore como a colaboração e a partilha se revelam na sala de aula entre a turma, mostrando que o professor partilha com eles o que aprendeu, e ajude as crianças a observarem que fazer silêncio, emprestar um material, dividir um lanche, falar uma de cada vez, não jogar lixo no chão, entre outras ações da rotina, são expressões de colaboração e partilha para que todos possam viver em harmonia na escola.

IDENTIFICAÇÃO E ANÁLISE

Converse com as crianças sobre o respeito aos colegas, aos animais, à natureza e aos espaços em que vivem. Para ilustrar, apresente situações que retratem a presença e a ausência de respeito. Instigue-as a expressarem como veem cada situação. Algumas situações podem ser apresentadas a partir da realidade do que ocorre na turma, mencionando-as como se fossem de outros grupos, para que as crianças possam emitir suas opiniões com mais liberdade. Como sugestão, indicam-se as seguintes situações:

Situação 1: Pedrinho jogava bola com João, e estavam felizes no corre-corre. Pedrinho se sentia alegre com a presença do amigo e por estar fazendo muitos gols. Isso durou até o momento em que o jogo virou e João começou a marcar mais gols. No início, Pedrinho não ligou muito, pois havia emplacado vários gols no colega, mas logo João ultrapassou o número de gols de Pedrinho, e isso acabou por irritá-lo muito. Com raiva, Pedrinho foi para cima do amigo gritando e querendo mudar as regras do jogo.

SUGESTÃO

Se for possível, apresente a situação em formato de contação de história, utilizando fantoches ou organizando com a turma uma encenação.

Após apresentar a situação, questione:

- É gostoso brincar com os amigos?
- Quando vocês brincam com os amigos, quem costuma estabelecer as regras? Por quê?
- Pedrinho e João tinham estabelecido regras para o jogo de futebol. Por que Pedrinho ficou chateado e brigou com João?
- Quando alguém está perdendo em um jogo, deve respeitar as regras estabelecidas ou mudá-las para se beneficiar?
- Se você estivesse no lugar de Pedrinho, como agiria?
- E se estivesse no lugar de João, qual seria a sua reação?
- O que você diria ao Pedrinho? E o que diria ao João?

Explore a importância de ter amigos e manter com eles uma boa convivência. Conversem sobre o que é saber brincar respeitando as regras combinadas e os amigos que participam da brincadeira. Incentive as crianças a recriarem, oralmente, a situação dando a ela um final no qual Pedrinho soube respeitar as regras e o colega João.

Situação 2: As amigas Isabel e Joana se reúnem no recreio para desenhar, tendo cada uma o seu papel e lápis coloridos. Enquanto desenham, elas conversam divertidamente. De repente, Joana olha e compara o seu desenho com o de Isabel. Ela percebe que o desenho de Isabel é bem mais harmonioso, os traços são bem-feitos e a pintura suave está muito bonita. Olhando para Isabel, Joana diz: “Parabéns! Seu desenho está muito lindo”. Isabel sorri e agradece: “É para você, Joana! Estou fazendo com cuidado e carinho porque você é uma boa amiga". O sinal da escola toca, Isabel entrega o desenho para a amiga e lhe dá um abraço. Elas seguem juntas para a sala de aula bem felizes e sorridentes, enquanto Joana carrega o desenho que recebeu de presente.

Converse com as crianças sobre:

- O que acham da atitude de Joana? E de Isabel?
- Como Joana poderia agir se ficasse com ciúmes de Isabel? Será que a sua reação diante do desenho bonito da amiga seria a mesma ou seria diferente?
- Se Joana tivesse dito "O seu desenho é tão bonito que eu até tenho vergonha do meu, não vou mais desenhar!", em vez de elogiar o desenho de Isabel, como Isabel poderia se sentir? Será que Isabel teria presenteado a amiga com seu desenho, como fez?
- O que aprendemos com Isabel? E com Joana?

Converse com as crianças sobre as pessoas terem habilidades diferentes, enfatizando o quanto é bonito valorizar o que cada um sabe fazer bem. Destaque a importância de valorizar, elogiar, o que o outro sabe fazer bem, e não sentir ciúme ou inveja disso, é uma atitude que desperta bons sentimentos. Mencione também o cuidado e carinho de Isabel ao buscar fazer com capricho o desenho porque queria presenteá-lo à amiga. Explique que essa atitude representa o reconhecimento das habilidades de Joana de ser uma boa amiga.

SUGESTÃO

Pode-se realizar com as crianças um momento no qual, em duplas, elogiem algo que achem bonito ou legal em seu par. Depois desse momento, em roda, para toda a turma, as crianças podem compartilhar como se sentiram ao serem elogiadas – se ficaram surpresas com as qualidades apontadas, se gostaram do que ouviram, se sentiram gratidão... Comente, também, as características que foram destacadas entre as duplas, para ressaltar que todos têm qualidades diferentes.

Faça com as crianças um levantamento sobre as pessoas com quem convivem, questionando-as:

- Quem são seus amigos?
- O que fazem os seus amigos com você?
- Você já brigou com algum amigo? Por qual motivo? Como fizeram as pazes?

Reserve um tempo para os relatos. Depois explore como é o relacionamento das crianças com os amigos da turma:

- Sabem ajudar e respeitar uns aos outros?
- O que falta para que sejam mais unidos?

Ensine e cante com as crianças a música "Ninguém é igual a ninguém", de Escola Stagium e Milton Karam.

VÍDEO

NINGUÉM é igual a ninguém – Coreografia fácil. 1 vídeo (3:36 min.), 2022. Publicado pelo canal Tia Mori.

Proponha às crianças brincarem de amigo secreto. Apresente uma caixa e explique que nela encontrarão tarjas de papel dobradas – em cada tarja estará escrito o nome de uma criança da turma. Oriente a passarem a caixa de mão em mão, de modo que cada um retire dela uma tarja. Peça que segurem a tarja fechada até novas instruções. Quando todos estiverem com sua devida tarja, autorize a abrirem e verem quem é seu amigo secreto, mantendo sigilo dos demais colegas. Ajude aqueles que não conseguirem reconhecer o colega pelo nome.

Disponibilize a cada criança uma folha A4 e lápis coloridos, orientando que, assim como Isabel fez um desenho para a sua amiga Joana, façam individualmente um desenho para o seu amigo secreto. Reserve tempo para a produção.

Para o momento da revelação, organize as crianças em uma roda e peça a um voluntário para se posicionar no centro e dar até três dicas sobre quem é seu amigo secreto. Pode ser divertido ao grupo tentar adivinhar o amigo secreto de cada criança. Quando o nome do amigo secreto for revelado, oriente-o a se levantar e receber o desenho de presente. Incentive demonstrações de agradecimento, como um aperto de mãos, um abraço ou palavras de afeto. Após cada revelação, todos do grupo podem dizer juntos: "Como é bom ser e ter amigos".

Finalize esse momento propondo assistir ao vídeo e aprender a música "A amizade", de Mundo Bita.

VÍDEO

A AMIZADE. 1 vídeo (3:18 min.), 2018. Publicado pelo canal Mundo Bita.

APROPRIAÇÃO E RESSIGNIFICAÇÃO

Mencione a importância dos amigos em nossas vidas e converse sobre o que podemos compartilhar com eles: brincadeiras e brinquedos; situações que nos deixam alegres ou tristes; o que aprendemos e podemos ensinar; objetos como lanches ou roupas quando estão em nossa casa, por exemplo, e se sujam ou sentem frio... Solicite que relatem quando realizam partilhas com os amigos. Ressalte a importância de valorizar as pessoas e suas diferenças, destacando o quanto é bom conviver e compartilhar a vida com quem nos desperta bons sentimentos.

Para ajudar na compreensão de como a partilha fortalece as relações, assim como sobre empatia, respeito e cooperação, apresente a lenda africana chamada Ubuntu. Sugere-se utilizar o livro *Ubuntu*, que

IMPORTANTE

Antes de transmitir o vídeo, contextualize as crianças a respeito da África. Utilize recursos gráficos, como fotos e ilustrações que contemplem os animais, as aldeias e praias, as pessoas e suas vestimentas... Pode-se, também, apresentar algumas músicas africanas, se considerar adequado.

narra o conto africano adaptado por Silvia Moral e ilustrado por Cecília Moreno. Para isso, utilize o vídeo publicado no canal Essencial Kids.

VÍDEO

UBUNTU – consciência negra. 1 vídeo (2:22 min.), 2018. Publicado pelo canal Essencial Kids.

Após a apresentação do vídeo, questione:

- Qual foi a brincadeira proposta pelo homem para as crianças africanas?
- O homem ofereceu um prêmio ao vencedor, qual era?
- O que fizeram as crianças?
- O que falou o homem às crianças, diante da atitude delas?
- O que elas responderam a ele?
- Se vocês estivessem no lugar da turma, como agiriam?

Mencione que a lenda nos ensina a apoiar as pessoas, os nossos colegas, destacando o quanto a união é importante em todas as situações. Comente que a lenda africana chamada Ubuntu nos ensina sobre a importância de saber partilhar e cuidar uns dos outros, de praticar a solidariedade deixando de lado o egoísmo e o desejo de querer ser sempre o vencedor, o melhor de todos. Ainda, pode-se mencionar que há situações nas quais juntos é possível fazer mais e melhor, proporcionando o bem de todos. Destaque o trabalho em equipe como algo importante para viver bem na família, na escola e na sociedade.

ATIVIDADE AVALIATIVA

Organize as crianças em uma roda e proceda com a contação da história *Juntos somos mais fortes: um livro sobre a vida em grupo*[31], de Eileen Spinelli.

Essa história ajudará o professor a explorar aspectos relacionados à empatia, ao diálogo, à cooperação e ao respeito. Por ser uma obra que contempla a valorização da diversidade, mostrando como é possível desenvolver a empatia, a cooperação e o respeito ao próximo, propicia fazer associações com o conteúdo abordado no decorrer deste roteiro de estudo. Nessa perspectiva, explore o que acontece na história estabelecendo as relações com o que foi visto no desenvolvimento do estudo. Depois, proponha a produção de uma história colaborativa com o tema: "O mundo fica melhor com respeito, partilha e cooperação".

Para a história colaborativa, divida as crianças em duplas ou grupos. Distribua entre as duplas ou grupos uma cartolina, canetinhas, lápis de cor e outros recursos possíveis. Oriente-os a pensarem sobre atitudes que ajudam na convivência com os colegas e ofereça exemplos: respeitar o jeito de cada um; não brigar; ajudar nas dificuldades; não excluir ninguém das brincadeiras...

Peça que desenhem uma criança praticando uma dessas atitudes com alguém ou com várias pessoas da turma. Explique que cada dupla ou grupo irá apresentar seu desenho e contar a história representada por ele.

31 SPINELLI, E. *Juntos somos mais fortes*: um livro sobre a vida em grupo. São Paulo: Girassol, 2022.

Ofereça tempo para a produção e auxilie as crianças no processo de elaboração de suas histórias colaborativas, de modo que possa auxiliá-las na ocasião de sua apresentação. Providencie um momento para cada dupla ou grupo contar a história elaborada e apresentar o desenho como uma representação.

DICA

Se possível, depois das apresentações, ajude as crianças a escreverem no verso ou em algum lugar disponível no desenho um resumo da história que ele representa.

SUGESTÃO

Uma variação para essa proposta é as crianças, em duplas ou grupos, serem orientadas a pensarem sobre atitudes que ajudam na convivência com os colegas. Ofereça exemplos como: respeitar o jeito de cada um; não brigar; ajudar nas dificuldades; não excluir ninguém das brincadeiras; entre outros. Peça que pensem em uma situação e a representem com uma encenação.

ROTEIRO 10

Campo de experiências	Escuta, fala, pensamento e imaginação O eu, o outro e o nós
Objetivo(s) de aprendizagem e desenvolvimento associado(s) à cultura religiosa	**(EI03EF01)** Expressar ideias, desejos e sentimentos sobre suas vivências, por meio da linguagem oral e escrita (escrita espontânea), de fotos, desenhos e outras formas de expressão. **(EI03EF04)** Recontar histórias ouvidas e planejar coletivamente roteiros de vídeos e de encenações, definindo os contextos, os personagens, a estrutura da história. **(EI03EF05)** Recontar histórias ouvidas para produção de reconto escrito, tendo o professor como escriba. **(EI03EF09)** Levantar hipóteses em relação à linguagem escrita, realizando registros de palavras e textos, por meio de escrita espontânea. **(EI03EO04)** Comunicar suas ideias e sentimentos a pessoas e grupos diversos. **(EI03EO06)** Manifestar interesse e respeito por diferentes culturas e modos de vida.
Previsão de horas/aulas	Três horas/aulas.
Recursos	• Equipamento para projeção audiovisual. • Providenciar um coração em papel kraft, ou outro de sua preferência, com a frase "O amor é..." no centro. Deixar espaço ao redor para colocar setas em número igual ao de crianças, bem como espaço para escrever as respostas delas à atividade. • Pincel atômico. • Música "Palavras de amor", de Turma do Parque.

Recursos	• Imagens que representem momentos nos quais o amor está presente – sugestões indicadas no roteiro. • Imagem de Jesus para apresentar às crianças. • Imagem de Buda – Siddharta Gautama. • Imagem de uma criança triste com outra tentando consolá-la. • Uma folha A4 para cada criança, com o desenho de um coração dividido em duas partes. • Recursos para desenho (lápis de cor, giz de cera e afins) para todas as crianças. • Quadro de giz ou cartolina contendo a frase proposta na atividade avaliativa. • Opcional para complementar ou substituir a atividade avaliativa: imagens de lugares que são frequentados por várias pessoas, como parques, escolas, templos religiosos e outros que sejam próprios da realidade das crianças.

OBSERVAÇÃO

Atividade mobilizadora 1

Preparar o desenho de um coração em papel kraft ou outro de sua preferência. No centro, deixar espaço para escrever a frase: "O amor é...". Garantir espaço ao redor para colocar setas em número igual ao de crianças da turma, bem como espaço para escrever o que elas responderem ao que será solicitado na sequência.

Apresente o desenho para as crianças e solicite que, uma a uma, respondam qual o significado da imagem para elas. Após ouvi-las, mencione que a imagem de um coração está associada, geralmente, ao amor. Com pincel atômico, então, escreva no centro do coração a frase: "O amor é...". Na sequência, coloque as setas ao redor do coração – o número delas deve ser igual ao de crianças da turma.

Depois, leia o que escreveu no centro do coração e peça para as crianças dizerem, uma a uma, como complementariam essa frase, isto é, quais palavras e/ou atitudes representam o que é o amor para elas. Se necessário, ofereça um modelo dizendo algo como "O amor é cuidar da natureza".

À medida que as crianças forem apresentando suas respostas, escreva-as nas setas (ou próximo a cada uma delas). Ao término, converse sobre o que cada uma mencionou e sintetize o que significa o amor.

Atividade mobilizadora 2

Explore que há palavras que podem expressar o amor das pessoas, por manifestarem o cuidado e o respeito na convivência. Convide as crianças a cantarem a música "Palavras de amor", de Turma do Parque.

VÍDEO

PALAVRAS de amor. 1 vídeo (1:38 min.), 2022. Publicado pelo canal Turma do Parque.

Após cantarem a música, motive as crianças a comentarem em que situações usam as palavras de amor com as pessoas de sua convivência. Converse sobre como acreditam que as pessoas se sentem após ouvirem essas palavras. Peça também que compartilhem como se sentem ao dizê-las. Destaque que o amor é um sentimento que pode ser manifestado de diversas maneiras: ao dar um abraço, ao ajudar ou confortar alguém... – complemente apropriando-se das respostas das crianças, dadas na atividade anterior, sobre o que é o amor para elas.

IDENTIFICAÇÃO E ANÁLISE

Converse com as crianças sobre as situações em que o amor está presente. Para isso, apresente imagens que ilustrem momentos em que se pode notar o amor e imagens que representem momentos em que falta o amor.

Sugerem-se as imagens a seguir:

- Pessoas se abraçando.
- Uma mãe alimentando o filho.
- Um namorado/esposo entregando flores para sua namorada/esposa.
- Uma pessoa cuidando de um jardim.
- Uma criança brincando com seu animal de estimação.
- Uma família reunida sorrindo, com pessoas de diferentes idades.
- Uma pessoa cuidando de alguém doente e/ou idoso.
- Uma pessoa rezando.
- Uma pessoa em posição de meditação.
- Um grupo distribuindo alimentos para pessoas em situação de vulnerabilidade.
- Pessoas jogando lixo na rua.
- Uma criança triste e sozinha na escola enquanto outros brincam.
- Uma criança com muitos brinquedos sem partilhá-los com outra criança.
- Uma criança caída, machucada, e pessoas ao redor sem a iniciativa de ajudá-la.
- Uma criança com lanche comendo ao lado de outra sem lanche.
- Uma pessoa rezando e outra olhando com ar de julgamento.

Faça a leitura das imagens com as crianças questionando em quais delas percebem haver expressões de amor e em quais parece que o amor está ausente.

Com relação à imagem de uma pessoa rezando, é importante explorar ser um gesto expressado por pessoas de diferentes tradições religiosas para manifestarem seu amor a uma divindade, a Deus. Comente que esse também é um gesto que expressa confiança na divindade para a qual se reza, isto é, que expressa a crença de que essa divindade as ajudará a fazerem escolhas, abençoará as suas vidas e lhes dará coragem para enfrentarem as situações difíceis. É importante também mencionar que as pessoas expressam seu amor à divindade, a Deus, por meio de orações de agradecimento relacionadas a desafios superados, como se curar de uma doença, conseguir comprar algo importante, conquistar boas notas e oportunidades, entre outros.

Motive as crianças a comentarem se na família delas, ou na de alguém que conhecem, são feitas orações para expressar agradecimento a uma divindade, a Deus.

Ao terminar a conversa, convide as crianças a escreverem uma história coletiva sobre as muitas formas de amar. Para isso, atue como o escriba da turma. Proponha uma votação para escolherem, no máximo, quatro imagens que farão parte da história. Escolhidas as imagens, oriente as crianças a definirem juntas a ordem que as imagens serão apresentadas no decorrer da narrativa, bem como os nomes que podem ser atribuídos aos personagens que aparecem nas imagens. Dê início à produção fazendo perguntas que ajudem as crianças a expressarem suas ideias, contemplando onde e por que acontece a cena, o que dizem os personagens, como eles se sentem, entre outros elementos que, gradativamente, levem à produção completa da história.

SUGESTÃO

Caso as crianças não escolham a imagem da pessoa rezando, procure inseri-la no contexto, para que a cultura religiosa seja contemplada.

Ao terminar, leia a história e convide as crianças a pensarem sobre ela por meio de perguntas como:

- Do que se trata a nossa história?
- Quem são os personagens?
- O que os personagens fazem e dizem tem alguma importância para o nosso dia a dia?
- O que podemos aprender com a história que escrevemos?

Explique que há muitas formas de se manifestar o amor por alguém, pela natureza e a Deus, a uma divindade. Comente que essa variação existe também porque cada um tem seu próprio jeito de amar. Converse sobre o amor se manifestar por meio de atitudes e palavras. Exemplifique dizendo que o amor pela natureza se expressa no cuidado e na proteção às plantas e aos animais ao não jogar lixo nas ruas, em rios, praias e matas; e que o amor a Deus e/ou a uma divindade se expressa por meio de orações, da ajuda ao próximo e do respeito aos ensinamentos que as religiões orientam.

APROPRIAÇÃO E RESSIGNIFICAÇÃO

Organize as crianças em roda e comente que há várias religiões no mundo, sendo cada uma delas importante. Mencione que irá falar sobre duas delas: cristianismo e budismo. Pergunte se já ouviram falar dessas religiões e o que sabem delas.

Destaque que cada tradição religiosa tem orientações e ensinamentos que devem ser praticados pelas pessoas que a seguem. Exemplifique dizendo que, assim como uma criança é orientada a seguir os ensinamentos de sua família, há quem também segue os ensinamentos de sua religião.

O cristianismo

Ao apresentar o cristianismo, disponha uma imagem de Jesus e pergunte às crianças o que sabem dela. Depois de ouvi-las, explique quem é Jesus e descreva que o Natal é a data em que, no cristianismo, se celebra o dia do nascimento dele. Explique que Jesus foi alguém que ensinou e ajudou as pessoas a viverem melhor, de modo que ele é reconhecido nessa tradição religiosa como o Filho de Deus, pois sempre falou e ensinou às pessoas o amor de Deus. Mencione que, sobre o amor, Jesus ensinou às pessoas que é preciso amar a Deus e ao próximo como a si mesmas.

Explique o que esse ensinamento significa partindo do próprio exemplo de Jesus, esclarecendo às crianças que ele amou a Deus respeitando as suas orientações, cumprindo com os costumes de sua tradição religiosa, indo ao templo e rezando. Ao dizer que Jesus demonstrou amor ao próximo, explique que ele viajou por muitas cidades e nelas fez o bem a muitas pessoas, ajudando-as a terem uma vida melhor e curando seus males. Como exemplo, pode-se contar para as crianças a cura do cego Bartimeu narrada na Bíblia, no Evangelho de Marcos 10,46-52.

Sobre o amor a si mesmo, explique para as crianças que Jesus amava a si mesmo de maneira correta e sem exageros. Isso ele fazia ao dedicar tempo para descansar, para comer e, também, para estar na companhia das pessoas, de seus discípulos, usufruindo desses momentos.

Questione às crianças sobre:

- O que realizam em seu dia a dia que pode ser considerado amor a uma divindade, a Deus? (Observe as tradições religiosas das crianças e adeque a questão às diversidades presentes na turma.)
- Quais atitudes que você pratica podem ser compreendidas como amor ao próximo?
- O que você faz como uma expressão de amor a si mesmo?

Observe nas respostas se as crianças atingiram a compreensão do que seria o amor a uma divindade e/ou a Deus, ao próximo e a si mesmo.

O budismo

Apresente uma imagem de Buda – Siddharta Gautama – e conte a história de sua vida, apresentada na sequência.

Há muito tempo, na Índia, em um palácio do reino dos Sakyas, nasceu um príncipe chamado Siddharta Gautama. Seu pai desejava que Siddartha se tornasse um rei, mas sua mãe, certo dia, teve um sonho de que

SUGESTÃO

Apresente essa história de modo ilustrado com imagens encontradas na internet.

o filho poderia seguir outro caminho. O rei, então, achou melhor chamar os sábios do reino para explicarem o significado do sonho dela. Os sábios disseram que o sonho indicava que Siddharta poderia ser um homem religioso ou um grande rei. Desejando que o filho assumisse o reino quando se tornasse adulto, o rei decidiu manter Siddartha somente dentro do palácio, cercado de luxo e de tudo o que precisasse. Quando Siddharta cresceu, no entanto, saiu do palácio e descobriu o que existia no mundo lá fora – percebeu que tudo era muito diferente da vida que ele levava no palácio, pois as pessoas não tinham o mesmo conforto e privilégios. Fora do palácio, Siddharta viu a doença, o envelhecimento e a morte. E ele viu, também, um homem religioso, um asceta. No olhar desse homem, Siddartha reconheceu a paz e a felicidade, e desejou experimentar esses sentimentos. Para isso, abandonou o palácio, descobrindo fora dele que era preciso cuidar da natureza e ter compaixão para com as pessoas.

Coloque no centro da roda uma imagem de uma criança triste com outra tentando consolá-la. Explique que a compaixão é a atitude de quem, ao perceber que outra pessoa está sofrendo, procura ajudá-la a se sentir melhor.

Comente que Siddharta, durante muito tempo, praticou a meditação até se tornar um Buda, uma pessoa sábia e iluminada capaz de agir com compaixão e de ajudar as pessoas a viverem mais felizes, a terem uma vida melhor. Esse modo de agir pode ser também percebido como uma maneira de expressar amor e respeito pelas pessoas.

Explique brevemente, no nível de compreensão das crianças, que a meditação é uma prática na qual a pessoa fica em silêncio, concentra-se na sua respiração – no ar que entra e sai dos pulmões –, observa como está o seu corpo e busca um estado de calma, para ter mais sabedoria e paciência ao lidar com as situações. Ainda, explique que o budismo é a tradição religiosa das pessoas que seguem os ensinamentos de Siddharta, o Buda. Esclareça que nessa tradição não existe um Deus, uma divindade, e sim os ensinamentos de Buda que orientam os seus seguidores.

SUGESTÃO

Realize uma prática meditativa com as crianças orientando-as a se sentarem com a coluna ereta. Peça para fecharem os olhos e prestarem atenção primeiro nos sons ao redor: nas vozes das pessoas e do trânsito ao longe, nos sons da natureza (pássaros e vento), entre outros. Incentive-os, então, a perceberem a si mesmos: a posição do corpo, como sentem cada parte do corpo (pés, pernas, tronco e assim sucessivamente) e, finalmente, como está sua respiração. Peça que apenas observem sua respiração e, depois de um breve silêncio, oriente-os a observarem como se sentem ao ouvirem você dizer: "Você é importante. Você é amado. Você é bem-vindo". Conclua pedindo que observem novamente sua respiração enquanto aos poucos abrem os olhos e espreguiçam o corpo.

Questione as crianças sobre:

- O que mais gostaram da história de Siddartha, o Buda? O que mais chamou a atenção de vocês?
- Vocês diriam que Siddharta foi corajoso por deixar a sua vida de luxo para viver fora do palácio? Por quê?
- Quais situações, para vocês, despertam compaixão?
- Para agir com compaixão, o que é preciso fazer?

Comente que a compaixão pode ser considerada uma expressão do amor. Explique que há outras religiões que ensinam seus seguidores a cuidarem das pessoas e da natureza com atitudes que compaixão. Explore que praticar a compaixão exige que a pessoa seja capaz de respeitar e acolher as diferenças e lembre às crianças de que isso é também uma maneira de expressar amor pelas pessoas e pela natureza.

Proponha a produção de um painel sobre o amor. Para isso, entregue a cada criança uma folha A4 com o desenho de um coração dividido em duas partes. Distribua recursos para desenho (lápis de cor, giz de cera e afins). Peça que, de um lado, desenhem uma cena que represente o que é o amor ensinado no cristianismo e, do outro, uma cena que represente a compaixão ensina no budismo.

Finalize esse momento convidando as crianças a compartilharem seus desenhos e comentá-los.

ATIVIDADE AVALIATIVA

Oriente as crianças para coletivamente completarem o texto a seguir. Para isso, reproduza o texto no quadro de giz ou em uma cartolina retirando dele as palavras que estão em destaque, de modo a completar os espaços com as respostas das crianças.

O amor é um **sentimento** que aparece quando temos com as **pessoas**, os **animais** e as **plantas** uma convivência na qual o **respeito** e o **cuidado** estão presentes. Por isso, podemos dizer que o amor pode ser reconhecido quando:

- Cuidamos da **natureza**.
- Ajudamos as **pessoas**.
- Sentimos **compaixão** por quem está triste ou machucado.
- Compartilhamos bons momentos com nossos **amigos**.

Outra possibilidade para complementar ou substituir a anterior envolve apresentar imagens de lugares que são frequentados por várias pessoas: parques, escolas, templos religiosos e outros que sejam próprios da realidade das crianças.

Converse com as crianças sobre quais são as atitudes que as pessoas que frequentam esses lugares precisam ter em relação aos demais frequentadores, à natureza, aos objetos disponíveis nesses lugares e afins. Questione o que devem fazer quando estão nesses lugares, isto é, como devem agir nos ambientes compartilhados com outras pessoas.

Reflita com as crianças sobre as atitudes de cuidado e compaixão com as pessoas que frequentam os mesmos lugares e as coisas que são de uso coletivo ali.

Para o encerramento, apresente e ensine as crianças a cantarem a música "Como é grande o meu amor por você", de Roberto Carlos, interpretada por Mundo Bita.

VÍDEO

RÁDIO BITA – Como é grande o meu amor por você. 1 vídeo (2:54 min.), 2019. Publicado pelo canal Mundo Bita.

ROTEIRO 11

Campos de experiências	Espaços, tempos, quantidades, relações e transformações O eu, o outro e o nós
Objetivo(s) de aprendizagem e desenvolvimento associado(s) à cultura religiosa	**(EI03ET01)** Estabelecer relações de comparação entre objetos, observando suas propriedades. **(EI03ET02)** Observar e descrever mudanças em diferentes materiais, resultantes de ações sobre eles, em experimentos envolvendo fenômenos naturais e artificiais. **(EI03ET03)** Identificar e selecionar fontes de informações, para responder a questões sobre a natureza, seus fenômenos, sua conservação. **(EI03ET05)** Classificar objetos e figuras de acordo com suas semelhanças e diferenças. **(EI03EO06)** Manifestar interesse e respeito por diferentes culturas e modos de vida. **(EI03EO07)** Usar estratégias pautadas no respeito mútuo para lidar com conflitos nas interações com crianças e adultos.
Previsão de horas/aulas	Quatro horas/aulas.
Recursos	• Equipamento audiovisual para projeção de imagens e vídeos. • Recursos para desenho (canetinhas, giz de cera, lápis de cor...). • Lista dos elementos da natureza presentes na escola para realizar a pesquisa de campo proposta – sugestão de elementos no roteiro. • Câmera digital para registro da pesquisa de campo (fotos e vídeos). • Música "Natureza", da compositora Élida Santos – disponível na internet. • Imagem de um ovo de galinha e imagem de um pintinho. • Imagens de várias sementes e imagens correspondentes ao que cada semente produz (flor, alface, melancia, mamão...). • Música "Natureza sempre se transforma", de Mundo Bita.

Recursos	• Imagens de algumas comunidades indígenas no Brasil – guarani, ticuna, terena, potiguara, pataxó, entre outras. • Imagens de casas indígenas no estilo oca para ilustrar. • Imagens sobre a cultura alimentar dos povos indígenas – caça e pesca, bem como outros alimentos de consumo (milho, aipim e frutas, por exemplo). • Um prato de papelão para cada criança. • Música pataxó "Somos filhos da natureza", composta por Matalawê, Pekasú e Urumã (2005) – disponível na internet. • Uma imagem do planeta Terra. • Providenciar um varal de imagens da arte indígena de diferentes povos, contemplando: grafismo usado nas pinturas corporais, cerâmica e cestaria; máscaras, cocais, brincos, colares, braceletes, chocalhos, tambores; indígenas cantando, indígenas dançando, entre outros. • Imagens de elementos da natureza de onde os indígenas extraem as cores – exemplos citados no roteiro. • Imagens de grafismos e pinturas corporais indígenas que são inspirados em peixes e animais – o olho da arara, a pele da onça ou da cobra, o casco da tartaruga ou do tatu, as asas da borboleta, entre outras possibilidades. • Uma folha de papel A4 com o contorno de uma mão e do punho para cada criança. • Folha grande de papel kraft para a atividade avaliativa.

OBSERVAÇÃO

Atividade mobilizadora

O contato da criança com a natureza desperta a curiosidade, influencia o desenvolvimento da criatividade e contribui para a sua autonomia. Esse processo se desenvolve ao identificar as transformações associadas à natureza, observando também os efeitos de atitudes de cuidado e cultivo em relação a plantas e animais.

Proponha às crianças a realização de um passeio para uma pesquisa no espaço externo da escola, como a horta, o pátio e/ou o jardim, onde seja possível encontrar elementos naturais como galhos, pedras, flores, sementes, borboletas, pássaros, fonte de água, árvore e outros. A proposta é proporcionar às crianças uma experiência de identificação dos elementos da natureza presentes na escola. Para isso, antecipadamente prepare uma lista de quais elementos podem ser identificados nos espaços da escola. A lista poderá conter:

- Relação de cores a serem encontradas em elementos da natureza.
- Algo que cresce na terra.
- Algo que os animais necessitam para viver.
- Algo que serve para enfeitar as casas.
- Algo que as crianças podem sentir ao estarem expostas aos efeitos da natureza (brisa, calor do sol, frio, pingos de água...).
- Lugar onde se pode brincar (grama, por exemplo).
- O que as crianças podem ver acima delas e faz parte da natureza (céu, nuvens, sol...).
- O que há abaixo dos seus pés (terra, pedras...).
- Quais são os possíveis cheiros das flores e plantas ao redor.
- O que as árvores e as plantas produzem (frutos, folhas, flores...).

Faça um registro fotográfico do passeio para, com base nas imagens captadas, explorar em sala de aula os resultados da pesquisa.

Após o passeio, organize as crianças sentadas em círculo e promova uma conversa sobre o que foi observado, o que mais lhes chamou atenção, o que não gostaram de observar, entre outras possibilidades. Apresente o registro fotográfico para relembrarem os momentos e os elementos da natureza observados na escola. Destaque a importância da natureza para a vida de todos.

IDENTIFICAÇÃO E ANÁLISE

Ao explorar com as crianças os elementos da natureza, é possível destacar os cuidados necessários para que a natureza se desenvolva e se sustente ao redor. Para isso, apresente o videoclipe da música "Natureza", da compositora Élida Santos.

Após assistir com as crianças ao videoclipe, explore as ações humanas que prejudicam a natureza e, também, as ações que visam cuidá-la. Converse com as crianças sobre os elementos da natureza servirem para o ser humano viver melhor, por isso são retirados da natureza para serem transformados. Indique alguns objetos presentes no dia a dia que foram produzidos com elementos naturais, como a camiseta cuja matéria-prima é o algodão; o lápis cuja matéria-prima é a madeira; o giz de lousa cuja matéria-prima é o mineral gipsita; entre outros. Comente que cuidar dos objetos para evitar desperdiçá-los é também uma forma de cuidar da natureza, para não consumir em excesso os recursos naturais.

Explique que os elementos da natureza se transformam com o passar do tempo e de seu ciclo de vida. Para favorecer esse entendimento, utilizando imagens para que as crianças possam visualizar tais transformações, proceda da seguinte forma:

- Mostre um ovo e pergunte: "Quem sabe o que nasce do ovo?". Reserve tempo para as respostas. Depois, mostre a imagem de um pintinho.
- Mostre várias sementes – de uma flor, de alface, de melancia, de mamão e outras provenientes da realidade – e peça que descrevam o que imaginam que pode nascer quando cada semente se transformar. Reserve tempo para as respostas. Apresente as imagens relacionadas às sementes e converse com as crianças sobre quais frutos, verduras e afins consomem, bem como qual é o seu valor nutritivo e importância para o ser humano.

Para ampliar a reflexão com as crianças, apresente o vídeo da música "Natureza sempre se transforma", de Mundo Bita. Após assistirem ao vídeo, pode-se abordar quais transformações relacionadas à natureza as crianças já conheciam ou não.

VÍDEO

NATUREZA sempre se transforma. 1 vídeo (3:36 min.), 2017. Publicado pelo canal Mundo Bita.

Ao conversar com as crianças sobre o cuidado com a natureza, aspectos dos âmbitos intelectual, social e emocional são certamente abordados, porém sugere-se destacar o âmbito espiritual a partir do exemplo da cultura indígena.

A cultura indígena

Explique para as crianças que, no Brasil, os povos indígenas fazem parte da nossa cultura e podem ser um exemplo de respeito e cuidado com a natureza. Explique que os povos indígenas se organizam/dividem em tribos diferentes, apresentando imagens de algumas delas e de seus respectivos nomes às crianças – pode-se apresentar as comunidades guarani, ticuna, terena, potiguara, pataxó e outras que considerar relevantes.

Destaque que, embora esses povos se organizem em tribos diferentes – e cada um deles possua seus próprios costumes e hábitos –, todas têm em comum um profundo amor e respeito pela natureza, extraindo dela apenas o que realmente precisam para viver.

Entre o que utilizam da natureza para viver estão os alimentos, os elementos com os quais constroem as suas casas, as ocas, os elementos para fazer seus adereços e artesanatos, sua arte, bem como os elementos para produzir seus remédios caseiros.

Explique que, para fazer as suas casas, os indígenas costumam usar galhos e troncos de árvores, cobrindo-as com palha ou folhas de palmeiras. Mostre imagens de casas indígenas no estilo oca para ilustrar.

Explore a cultura alimentar dos povos indígenas mencionando a caça e a pesca, bem como descrevendo o milho, o aipim (também conhecido como mandioca) e as frutas (açaí, tucumã, cupuaçu...) como os principais alimentos consumidos por eles. Mostre imagens desses alimentos e destaque que alguns deles são transformados para comporem diferentes pratos – a mandioca, por exemplo, é utilizada para fazer a farinha de tapioca e os bolos, enquanto o milho é utilizado para fazer pipoca, pamonha, creme de milho, docinho de milho e outros.

SUGESTÃO

Se considerar relevante, explique como se faz a farinha de tapioca. Pode-se, também, organizar um momento para mostrar o milho e fazer pipoca para as crianças, tornando o momento experiencial.

Disponibilize a cada criança um prato de papelão e recursos para desenho. Solicite que desenhem no prato quais dos alimentos mencionados são consumidos em suas casas. Reserve tempo para a produção e solicite, depois, que a apresentem aos colegas. Convide a analisarem as semelhanças e diferenças entre os alimentos característicos da cultura indígena e de suas realidades.

Mencione que, para os povos indígenas, é preciso manifestar respeito e cuidado com a natureza. Mostre uma imagem do planeta Terra e esclareça que os povos indígenas chamam o nosso planeta de “Mãe Terra”. Para eles, a Terra alimenta e produz os recursos para que a humanidade e todos os demais seres vivos possam existir, por isso é preciso preservá-la e protegê-la.

Apresente a música pataxó “Somos filhos da natureza” – composta por Matalawê, Pekasú e Urumã (2005) – como exemplo da arte indígena para as crianças conhecerem.

VÍDEO

SOMOS filhos da natureza. 1 vídeo (3:45 min.), 2022. Publicado pelo Canal Pataxó.

Primeiro deixe a turma escutar e, depois, explique o conteúdo da letra, ouvindo-a sob sua mediação.

Converse com as crianças a partir das questões:

- O que é a natureza para vocês?
- Por que os indígenas chamam o planeta de Mãe Terra? Vocês concordam com eles? Por quê?
- O que cada um pode fazer para cuidar e preservar a natureza?

APROPRIAÇÃO E RESSIGNIFICAÇÃO

Apresente às crianças imagens da arte indígena de diferentes povos, destacando a sua diversidade. Para isso, prepare um varal de imagens contemplando: grafismo usado nas pinturas corporais, cerâmica e cestaria; máscaras, cocais, brincos, colares, braceletes, chocalhos, tambores; indígenas cantando, indígenas dançando, dentre outros.

Motive as crianças a observarem as imagens do varal e questione se já viram algumas das coisas que aparecem nelas.

Comente as cores utilizadas nas pinturas corporais e nos cestos produzidos pelos indígenas. Explique que essas tintas usadas na arte indígena são produzidas a partir de elementos da natureza. Para maior compreensão, mostre os elementos da natureza de onde extraem as cores, apresentando imagens de:

- Jenipapo, usado para fazer a cor preto-azulado.
- Urucum, para fazer a cor vermelha.
- Açafrão, para fazer a cor laranja.
- Tabatinga (argila), da qual se obtém a cor branca.

Comente que entre os variados povos indígenas as pinturas corporais podem representar diferentes sentimentos, como a felicidade e a coragem, e representar diversos elementos da natureza, como animais e estrelas. Mostre algumas imagens de grafismo e pinturas corporais indígenas que são inspiradas em peixes e animais – o olho da arara, a pele da onça ou da cobra, o casco da tartaruga ou do tatu, as asas da borboleta, entre outras possibilidades. Depois motive as crianças a observarem as imagens, anteriormente apresentadas, para identificarem a presença do grafismo nas pinturas corporais, nas cerâmicas e nos demais portadores de arte.

Selecione de duas a quatro imagens de grafismo e apresente o seu significado para as crianças. Uma sugestão é usar exemplos do grafismo do povo Mbyá-guarani, que possui traços fáceis de reprodução – sugere-se selecionar, por exemplo, o grafismo que representa as flores, os animais e o símbolo da cura da Mãe Terra utilizado por esse povo em seus momentos de reza. Proponha às crianças uma atividade de produção artística inspirada no grafismo indicado. Disponibilize para cada criança recursos para desenho acompanhados de uma folha de papel A4 com o contorno de uma mão e do punho. Peça para cada criança, inspirada nas imagens apresentadas de grafismo indígena, produzir seus grafismos para decorar o desenho da mão, atribuindo a eles um sentimento: alegria, saudade, amizade... Caso encontrem dificuldades, ajude-as a definirem um estilo de grafismo que pode ser associado ao significado que querem transmitir.

Ao concluírem os desenhos, solicite que apresentem seus grafismos para os colegas e o que eles significam.

Mencione que a dança também faz parte da arte indígena e destaque alguns elementos naturais utilizados durante sua *performance* em diferentes tribos, seja em pinturas corporais, seja em objetos como cocais, tambores, chocalhos e colares. Esclareça que algumas danças indígenas estão relacionadas à sua cultura religiosa e são praticadas em diferentes momentos: para homenagear uma pessoa que faleceu, para agradecer a colheita e a pesca, para curar doenças, para afastar maus espíritos, entre outras possibilidades.

Mencione que as danças são realizadas em grupo e/ou individualmente. Comente que, de acordo com a finalidade das danças, algumas vezes homens e mulheres podem participar delas, em outras vezes, crianças, adolescentes, adultos e idosos podem dançar juntos fazendo gestos e balanços que têm inspiração em animais e nos movimentos da floresta.

Destaque que as danças podem estar relacionadas a momentos festivos envolvendo brincadeiras, como também ser uma expressão da crença desses povos em um ser divino.

É importante comentar com as crianças que, assim como os não indígenas têm seus momentos e espaços para rezar, os indígenas também realizam as suas orações.

Atividade avaliativa

Elabore com as crianças um texto coletivo ilustrado sobre as aprendizagens do estudo e atue como o escriba. Para isso, prepare uma folha grande de papel kraft, disponibilize todas as ilustrações apresentadas no estudo e cola. Motive as crianças a escolherem um título, a pensarem sobre o que aprenderam e a organizarem o registro de sua aprendizagem.

Instigue as crianças para oralmente relacionarem a ordem das informações que irão compor o texto. Feito isso, oriente a relacionarem quais imagens acompanham essa ordem. Depois, inicie a produção do texto com os alunos. Ao terminar, fotografe o resultado e compartilhe com a comunidade escolar.

ROTEIRO 12

Campos de experiências	Espaços, tempos, quantidades, relações e transformações O eu, o outro e o nós
Objetivo(s) de aprendizagem e desenvolvimento associados à cultura religiosa	**(EI03ET01)** Estabelecer relações de comparação entre objetos, observando suas propriedades. **(EI03ET02)** Observar e descrever mudanças em diferentes materiais, resultantes de ações sobre eles, em experimentos envolvendo fenômenos naturais e artificiais. **(EI03ET06)** Relatar fatos importantes sobre seu nascimento e desenvolvimento, a história dos seus familiares e da sua comunidade. **(EI03ET07)** Relacionar números às suas respectivas quantidades e identificar o antes, o depois e o entre em uma sequência. **(EI03EO03)** Ampliar as relações interpessoais, desenvolvendo atitudes de participação e cooperação. **(EI03EO06)** Manifestar interesse e respeito por diferentes culturas e modos de vida.
Previsão de horas/aulas	Seis horas/aulas.
Recursos	• Solicitar com antecedência às famílias das crianças uma foto de alguma refeição familiar na qual apareçam as pessoas e os alimentos. • História *A família do Marcelo*, de Ruth Rocha (Salamandra, 2011). • Providenciar, se possível, pelo menos um dos alimentos servidos em atividades sociais das datas religiosas de cada tradição – no roteiro é sugerida uma lista de alimentos. • Preparar uma mesa bonita, com ornamentos, pratos e copos. • Equipamento audiovisual com acesso à internet para projetar imagens e vídeos.

Recursos	• Imagens de sinagogas, comunidades dos povos originários brasileiros, igrejas cristãs católicas e evangélicas, mesquitas e regiões, como Índia e Israel, relacionadas aos alimentos servidos para as crianças. • Imagem de um ramo de trigo, destacando sua semente, e de uma plantação (se possível, apresentar *in natura*). • Imagem ou vídeo mostrando o processo de transformação do trigo para a farinha. • Imagem de diferentes tipos de pães, para destacar que há várias formas de fazê-lo. • Utensílios e ingredientes para produzir pão – suficientes para que a massa seja dividida entre as crianças. • Embalagens individuais para que as crianças levem seu pãozinho para casa, para compartilharem com a família. • Uma folha de papel A4 e recursos para desenho para cada criança. • Roteiro de passo a passo, desde a plantação e colheita do trigo até o pão chegar à mesa, para distribuir as etapas às crianças - cada criança desenhará uma etapa do processo. • Lousa ou cartolina.

OBSERVAÇÃO

Solicite com antecedência às famílias da turma uma ou mais fotos de alguma refeição familiar - pode ser em uma celebração festiva ou em um dia comum. É importante que apareçam na foto as pessoas e os alimentos.

Realize uma contação da história *A família do Marcelo*[32], de Ruth Rocha. Explore com as crianças as diferenças de suas famílias com

32 ROCHA, R. *A família do Marcelo*. Rio de Janeiro: Salamandra, 2011.

relação aos costumes e às atividades que o personagem Marcelo realiza para colaborar com a família dele, com atitudes de cooperação.

Faça uma socialização com as crianças em roda, abordando os costumes e as lembranças que a foto que trouxeram traz a eles. Importante perguntar o alimento que mais gostam quando estão reunidos em família. Para incentivar a participação nesse momento, sugerem-se as perguntas:

- Quem faz a comida?
- Quem organiza o espaço?
- Como você colabora com a sua família? O que faz?
- Quem são os convidados?
- Onde acontece?
- O que mais gostam de fazer e comer nessas ocasiões?
- O que há de diferente quando a família se reúne para comer em relação aos dias em que isso não acontece?
- A família tem o costume de fazer alguma forma de oração antes das refeições? Qual? (Permita que as crianças apresentem sua forma de prece, se tiverem.)

IDENTIFICAÇÃO E ANÁLISE

Explore com as crianças as diferenças entre as suas famílias relacionadas a costumes alimentares. Comente que em algumas famílias há alimentos que são servidos apenas em dias especiais, em momentos celebrativos, como no aniversário de um dos membros, no domingo ou em uma data festiva como o Natal. Destaque a relação do alimento com o momento vivido pela família, identificando quando se refere a um momento social ou religioso. Mencione que algumas famílias têm o hábito de agradecer as refeições que irão saborear, seguindo o que aprenderam de suas tradições religiosas, por isso há maneiras diferentes de se fazer esse agradecimento, além das que vimos na atividade anterior.

Disponibilize, se possível, pelo menos um dos alimentos servidos em atividades sociais das datas religiosas de cada tradição, conforme a lista sugerida na sequência, e prepare uma mesa bonita, com ornamentos, pratos e copos. Convide as crianças para uma refeição e, relacionando-as com os alimentos disponíveis, mostre no projetor imagens de sinagogas, comunidades dos povos originários brasileiros, igrejas cristãs católicas e evangélicas, mesquitas e regiões, como Índia e Israel. Explique às crianças as diferenças entre esses espaços, destacando o significado dos alimentos dispostos à mesa para as tradições religiosas ali representadas:

- **Judaísmo:** o *matzá* – pão sem fermento, feito apenas com farinha de trigo e água – é servido na Páscoa judaica, chamada Pessach. Nesse dia também são servidos ovos cozidos como símbolo da vida e um doce chamado Harosset, feito com maçãs raladas, mel, nozes e canela, lembrando o barro com que Deus formou o ser humano.
- **Tradições indígenas:** para o povo guarani, o milho é considerado um alimento sagrado muito especial, por isso esse povo faz suas rezas antes de plantar e colher o milho.
- **Hinduísmo:** é uma religião da Índia, e as pessoas dessa tradição não consomem carne bovina – sua alimentação é basicamente feita com frutas, legumes e verduras. Lá também se valoriza muito o chá, que costuma ser servido com leite e especiarias.
- **Islamismo:** é uma religião que tem um período especial chamado Ramadã, em que as pessoas se reúnem em mesquitas para rezar, ler o seu livro sagrado – o Alcorão – e deixar de fazer qualquer coisa que seja ruim, como falar mal dos outros. Durante o Ramadã, as pessoas dessa tradição realizam jejum (ficam sem comer e consumir bebidas) do nascer ao pôr do sol, o anoitecer, durante um mês. No decorrer desse mês, quando anoitece, as pessoas participam de uma oração e depois fazem uma refeição

na qual são servidas carnes grelhadas, muitas vezes kafta ou kibe à base de carne moída, e pratos à base de arroz. Por volta das quatro horas da madrugada, antes de o sol nascer, os seguidores dessa tradição fazem uma oração e realizam uma refeição bem saudável, com frutas e iogurtes, para terem energia durante o dia em que não poderão comer mais nada. Quando termina o período do Ramadã, os islâmicos realizam uma festa em que os alimentos servidos são geralmente saladas, frutas, legumes, carnes e sopas.

- **Religiões de matriz africana:** nessas tradições, cada divindade (Orixá) tem uma comida preferida, como a pipoca, a feijoada, a farofa, muitas frutas, entre outras coisas. As pessoas preparam esses alimentos em cestos bem ornamentados para sua família, mas também para oferecer aos Orixás como forma de agradecer ou pedir algo de que precisam.
- **Cristianismo:** nessa tradição há uma celebração chamada missa em que são utilizados dois alimentos: o pão e o vinho. Isso porque Jesus, pessoa importante para essa religião, reuniu seus amigos, os apóstolos, e fez uma celebração pedindo que a repetissem depois que Ele não mais estivesse entre eles. Nessa religião, o pão e o vinho (ou suco natural de uva) formam uma refeição muito especial, que é chamada de Ceia do Senhor.

Desfrute com as crianças desses alimentos e permita que experimentem. Ao longo da refeição, conte histórias simples relacionadas às culturas dessas religiões que podem ser pesquisadas com antecedência, e, se possível, coloque músicas de cada tradição para ambientação.

IMPORTANTE

Na ocasião da refeição, não pressione as crianças a experimentarem os alimentos. Deixe-as livres para comerem o que desejarem. Ainda, é importante verificar com as famílias possíveis restrições e alergias alimentares para providenciar os ajustes necessários à segurança das crianças.

A seguir, indicam-se músicas de diferentes tradições religiosas que podem ser utilizadas durante a refeição:

VÍDEOS

HAYOM Yom Huledet (Parabéns para você, em hebraico com legenda). 1 vídeo (1:21 min.). Publicado pelo canal Ary, the Lion.

MÚSICAS árabes infantis. 8 vídeos indicados em playlist do canal Bruna Ayala.

BACHCHE MAN Ke Sachche. Música interpretada por Lata Mangeshkar, no filme Do Kaliyan. 1 vídeo (3:28 min.), 2011. Publicado pelo canal Bollywood Movie.

CORAL GUARANI Tenonderã. Música indígena cantada em guarani. 1 vídeo (3:39 min.), 2021. Publicado pelo canal CineDoc Brasil.

Use sua criatividade e as possibilidades para tornar essa vivência algo especial para as crianças. Explore as diferenças entre as culturas.

APROPRIAÇÃO E RESSIGNIFICAÇÃO

Organize um espaço para realizar uma oficina culinária com as crianças. Se não houver, prepare a sala de maneira higiênica, bem como lave as mãos de todo o grupo de crianças: é hora de fazer pão!

Comente que o pão é um alimento importante em muitas tradições religiosas e culturas, sendo também o resultado de uma transformação incrível! Desde que o trigo é plantado até chegar à farinha que usamos, ele passa por muitos processos.

Aqui é fundamental mostrar um ramo de trigo, destacando em imagem ou vídeo sua semente e como é a sua plantação. Apresente também a diferença do trigo para a farinha, informando o seu processo de transformação. Destaque que há várias formas de se fazer o pão utilizando-se da farinha – exemplifique apresentando ingredientes diversos que podem ser utilizados e pães com diferentes formatos, tamanhos e texturas.

Organize o grupo de maneira que todos participem da confecção do pão. Depois de preparar a massa maior, pode-se dividir as bolinhas para serem amassadas e sovadas individualmente. Importante viver essa experiência com tempo, calma e alegria. Depois de dar o devido tempo de crescimento e de forno, organize embalagens individuais para que as crianças levem seu pãozinho para casa, para compartilharem com a família.

SUGESTÃO

Enquanto se espera o tempo de cozimento, pode-se construir com as crianças uma pequena oração que irá acompanhar os pães, para ser realizada em família.

Conte para as crianças a história dos judeus, escravizados no Egito. Explique que para a viagem deles, que marcou a sua libertação, precisaram preparar pães sem fermento, e também o seu simbolismo. Mencione que, para o islamismo, o pão é considerado um presente de Deus.

Construa com as crianças uma história em quadrinhos na qual organizarão a sequência da produção de um pão, desde o plantio do trigo até a refeição. Essa história pode ser coletiva, distribuindo para cada criança uma folha de papel A4 e recursos para desenho. Oriente cada criança a desenhar uma etapa do processo a ser designada sob a sua mediação. Providencie um momento de contemplação da história em quadrinhos, na qual se pode visualizar todo o processo da feitura do pão. Promova um momento de agradecimento coletivo ao grande número de pessoas que trabalham em cada uma dessas etapas para que tenhamos esse alimento.

Explique que algumas religiões, ao rezar, agradecem os alimentos às divindades nas quais acreditam.

ATIVIDADE AVALIATIVA

Organize com as crianças uma lista com o título "O que aprendemos" – pode ser na lousa ou em uma cartolina. Para compor a lista, solicite que cada uma diga algo que aprendeu com o estudo. À medida que forem apresentando, escreva as informações. Depois de todos terem falado, leia a lista e questione o que mais está faltando. Observe se os elementos religiosos estão compondo a lista. Caso não estejam, retome com as crianças esses dados do estudo.

Conecte-se conosco:

facebook.com/editoravozes

@editoravozes

@editora_vozes

youtube.com/editoravozes

+55 24 2233-9033

www.vozes.com.br

Conheça nossas lojas:

www.livrariavozes.com.br

Belo Horizonte – Brasília – Campinas – Cuiabá – Curitiba
Fortaleza – Juiz de Fora – Petrópolis – Recife – São Paulo

EDITORA VOZES LTDA.
Rua Frei Luís, 100 – Centro – Cep 25689-900 – Petrópolis, RJ
Tel.: (24) 2233-9000 – E-mail: vendas@vozes.com.br